AF610532

Mœurs Intimes du Passé

(SIXIÈME SÉRIE)

DU MÊME AUTEUR

OUVRAGES DE MÉDECINE HISTORIQUE

Le Cabinet secret de l'Histoire, 4 séries.
Les Indiscrétions de l'Histoire, 6 séries.
Les Morts mystérieuses de l'Histoire, 2 séries.
Légendes et Curiosités de l'Histoire, 5 séries.
Mœurs intimes du passé, 8 séries.
Folie d'Empereur.
Fous couronnés.
Une Allemande à la Cour de France.
Poisons et Sortilèges, 2 séries (en collaboration avec le docteur L. NASS).
La Névrose révolutionnaire (en collaboration avec le docteur L. NASS).
L'Histoire éclairée par la clinique.

OUVRAGES D'HISTOIRE MÉDICALE

Remèdes d'autrefois, 2 séries.
Remèdes de bonne femme (en collaboration avec le docteur J. BARRAUD).
Chirurgiens et Blessés à travers l'Histoire.
L'Esprit d'Esculape (en collaboration avec le docteur WITKOWSKI).
Joyeux propos d'Esculape.

MONOGRAPHIES

Balzac ignoré.
Le Costume du médecin.
La Salle de garde, (Histoire anecdotique des Salles de garde parisiennes).
Les Goutteux célèbres.

OUVRAGES ÉPUISÉS

Napoléon jugé par un Anglais.
Les Curiosités de la Médecine.
Marat inconnu.
Gayetez d'Esculape.

DIVERS

Souvenirs d'un Académicien, sur la Révolution, le premier Empire et la Restauration. Introduction et Notes du Dr CABANÈS, suivies de la Correspondance inédite de Ch. BRIFAUT, 2 vol.
La Princesse de Lamballe intime.

Mœurs Intimes du Passé

(Sixième Série.)

Usages et Coutumes Disparus

Par le Docteur Cabanès

ALBIN MICHEL
EDITEUR
PARIS.

Henry André

DOCTEUR CABANÈS

Mœurs intimes du Passé

(SIXIÈME SÉRIE)

Le cérémonial de la saignée.
La naissance de l'enfant. — Le régime du nouveau-né au Moyen Age et à la Renaissance.
Les visites à l'accouchée. — Le lit de parade.
Mères et remplaçantes.
Le fouet, instrument d'éducation, au couvent et à l'école.
Le fouet, instrument de répression.

PARIS
ALBIN MICHEL, ÉDITEUR
22, RUE HUYGHENS, 22

Mœurs intimes du Passé

(SIXIÈME SÉRIE)

USAGES ET COUTUMES DISPARUS

CHAPITRE PREMIER

LE CÉRÉMONIAL DE LA SAIGNÉE

« Dans un traité de médecine sociale, la saignée devrait tenir une grande place. » Docteur J.-M. GUARDIA.

Quand on remonte à l'origine des pratiques médicales, plusieurs points d'interrogation se dressent : *D'où vient la purgation ? — Qui a donné l'idée du clystère? — A qui restituer l'invention de la saignée?* Autant de questions qui attendent leur solution; car, vraiment, on ne peut tenir pour sérieux le propos d'ELIEN, contant que la purgation fut indiquée aux Egyptiens par les chiens, qui se font vomir en mangeant du chiendent; ou celui de GALIEN, qui fait remonter à l'ibis l'emploi du clystère.

Pour la saignée, plusieurs opinions ont été émises, dont la moins singulière n'est pas celle de CICÉRON, assurant que l'homme tient de l'hippopotame l'usage de cette médication ! Vous vous demandez comment l'hippopotame... Le bon PARÉ, qui est la crédulité même, va nous aider à vous répondre.

L'hippopotame, écrit le plus grand chirurgien du XVIe siècle, *l'hippopotame* (qui est un cheval de la rivière du Nil), *nous a enseigné la phlébotomie*, lequel estant de nature, gourmand et glout (pour glouton), se sentant aggravé de plénitude de sang, se frotte contre les roseaux rompus les plus piquans, et s'ouvre une veine de la cuisse, pour se décharger tant que besoin lui est, puis se vautrant dedans la fange, s'estanche le sang.

Loys Guyon, praticien réputé en son temps, prétend que c'est aux sangsues que doit être reporté le mérite de la saignée : « comme on n'en pouvait trouver en hiver, les médecins y suppléèrent au moyen de la phlébotomie » (1).

Après la légende, consultons l'histoire. A croire le géographe Etienne de Byzance, la saignée aurait été inconnue de la haute antiquité. Podalire, fils d'Esculape, se serait, le premier, avisé de tirer du sang à son semblable, dans le but de le soulager.

Au retour de la guerre de Troie, Podalire avait été jeté, par une tempête, sur les côtes de Carie (Asie Mineure) ; à peine avait-il mis pied à terre, qu'un envoyé du roi venait le prendre, pour le conduire auprès de la fille du monarque, qui, en se laissant choir du toit du palais, s'était blessée grièvement. Podalire l'examine et, sans plus attendre, la saigne aux deux bras ; heureuse inspiration, car la malade, dont l'état semblait désespéré, revint presque instantanément à la vie. Le narrateur ajoute que, pour reconnaître un pareil service, le roi ne

(1) *Diverses leçons*, par L. Guyon, t. I, 755.

trouva, pour le sauveur de sa fille, de meilleure récompense que de la lui donner pour femme (1).

Il ne semble pas que cette cure, pourtant remarquable, ait mis la saignée plus en faveur qu'elle ne l'était auparavant. La seule citation à relever chez les Grecs est la suivante : THÉMISTOCLE aimait si éperdument une de ses esclaves que, lorsqu'on la saignait, il se lavait le visage avec le sang qui coulait des veines de sa bien-aimée.

Faut-il en induire que la saignée était, à l'époque de Thémistocle, très répandue à Athènes ? Ce serait hâtivement conclure : ce qui est positif, c'est qu'il ne se trouve point mention de cette opération dans l'Ecriture (2).

Dans l'histoire romaine, un seul fait à rele-

(1) On pourrait citer des exemples de gratitude semblable bien plus modernes : celui, entre autres, de Jean DURET, médecin de la Faculté de Paris, lequel épousa Renée Luillier, fille du Président de la Chambre des comptes, qu'il avait guérie d'une maladie grave, et qui lui accorda sa main par reconnaissance. L'histoire de la médecine fournirait plusieurs traits semblables (*Abrégé historique de la médecine*, 1776, 7-8).

(2) Les Hébreux ne paraissent cependant pas l'avoir ignorée. Dans le Traité *Schabbath* (f° 129), traduit par le Dr BEUGNIES (de Givet), on lit : « Il est utile de se faire saigner à chaque nouvelle lune, en espaçant les époques à mesure qu'on avance en âge. On opérera à jeun, sauf lorsqu'on saigne pour une poussée congestive (SAMUEL). On boira au sortir de la séance, mais on attendra pour se mettre à table. Après une saignée multiple il faut se tenir chaudement. » *Archéologie médicale de l'Egypte et de la Judée*, 76, par le Dr BEUGNIES, de Givet (Liége, 1892).

ver et il n'est pas très démonstratif : au dire d'Aulu-Gelle, l'usage d'ouvrir une veine et de tirer du sang aux soldats qu'on voulait frapper d'une peine infamante, remonterait à la plus lointaine antiquité (1). « Je n'en trouve pas, dit-il, la raison dans les anciens écrits que j'ai pu me procurer, mais je pense que ce fut d'abord moins un châtiment qu'un remède, pour les soldats dont l'intelligence était troublée et l'activité engourdie.

Dans la suite, la saignée devint un châtiment (2), et on prit l'habitude de punir ainsi différentes fautes, sans doute dans l'idée que celui qui commet une faute est un malade (3). »

(1) Hippocrate et son école ont pratiqué la saignée ; ils ont même donné les indications des émissions sanguines et elles étaient nombreuses. Asclépiade y a eu également recours. Celse a blâmé l'usage immodéré qu'ont fait de la saignée les médecins de son temps. Arétée aimait à la prescrire. Les œuvres de Galien ne contiennent pas moins de quatre traités y relatifs. A peu près seul des poètes latins, Juvénal y fait allusion. Les successeurs de Galien et les Arabes qui s'en inspirent recommandent la saignée, comme moyen thérapeutique, dans nombre de cas qu'ils spécifient.

(2) Sur la saignée, punition militaire chez les Romains, v. *La France médicale*, 25 avril 1904, 153. Les punitions qu'on inflige aux rebelles ou aux délinquants sont : les verges, la bastonnade, la décimation, l'amputation de la main droite, le pain d'orge, le retranchement de la paye, la *saignée*, l'obligation de monter la garde tout un jour en tunique, sans ceinture, avec une perche ou une motte de terre à la main. (*Mœurs et vie privée des Français*, par E. de la Bédollière, t. I, 16-17.)

(3) *Curiosités des Traditions*, par Ludovic Lalanne, 308.

FRONTISPICE D'UN OUVRAGE DU XVIIe SIÈCLE SUR LA SAIGNÉE.

Cette idée d'appliquer la phlébotomie comme châtiment, nous la retrouvons au moyen âge. Le *Ménagier de Paris* (écrit en 1393) rapporte qu'un bourgeois, mécontent de sa femme, manda un barbier pour la saigner. On commença par faire chauffer le bras droit de la patiente, *pour y attirer le sang,* puis le barbier exécuta son office ; sans doute le mari voulait-il par là calmer la « frénésie » de son épouse : traitement à la fois barbare et ironique !

A cette époque, la saignée est partout en honneur ; plus qu'un remède, c'est une panacée à tous les maux.

Au treizième siècle, le *Livre des Métiers* la cite parmi les causes qui dispensaient bourgeois et ouvriers de s'astreindre au service du guet. On se faisait saigner à propos de rien et à propos de tout ; parfois, pour mêler son sang à celui d'un ami, gage d'une profonde et éternelle affection (1).

Les règles monastiques la prescrivent à des périodes déterminées : les Chartreux s'y soumettent cinq fois l'an (2); les Prémontrés, quatre fois. Il y a

(1) Alf. FRANKLIN, *Vie privée des premiers Capétiens*, t. II, 180-1. Le 18 novembre 1679, Mme de Coligny, qui venait d'être saignée, écrivit de son propre sang cette promesse de mariage à La Rivière, qui avait dû renoncer à faire d'elle uniquement sa maîtresse : « Je, Louise-Françoise de Rabutin, promets et jure devant Dieu, à Henri-François de La Rivière, de l'épouser quand il lui plaira. En foi de quoi, j'ai signé ceci du plus beau et du plus pur de mon sang. » *Bussy-Rabutin*, par GAILLY DE TAURINES, 233-4.

(2) La saignée du premier mai passait pour la plus efficace, pour indispensable même dans le meilleur état de santé.

des jours fixés, dans chaque couvent, pour cette opération : on les désigne par l'expression de « jours malades » ou « de minution » ; l'opérateur est qualifié de *minutor*. Car tous les jours ne sont pas bons pour la saignée : il faut éviter les mardi, mercredi et vendredi, surtout pendant la canicule.

Les Normands disent :

La saignée du jour Saint-Valentin
Fait le sang net soir et matin.
La saignée du jour au-devant
Garde des fièvres pour constant.
Le jour Sainte-Gertrude on doit
Se faire saigner du bras droit ;
Celui qui ainsi le fera,
Les yeux clairs reste année aura.

Le *minutor* était le plus souvent un moine, car les moines étaient depuis longtemps initiés à la pratique de l'art médical. Des règlements furent même édictés, sinon par des moines, du moins par des ecclésiastiques (1). Vers le septième siècle, un archevêque de Cantorbéry prescrit de ne pas saigner pendant le premier quartier de la lune, et tous se conforment à la prescription. Dom Calmet fait observer que « ce n'était pas là une mortification puisque, *au con-*

(1) L'archevêque Eudes Rigault permet la saignée aux couvents de femmes du diocèse de Rouen et leur conseille même d'avoir une « saigneresse ». « Sorores suis temporibus minuant sibi si placet et *minutricem habeant competentem.* » *Revue médicale de Normandie*, 10 juin 1902.

traire, c'était une sorte de délassement, et que l'habitude prise, on ne pouvait plus s'en passer (1). »

L'opération avait lieu en été, après none ; en hiver, après vêpres. Pendant les trois jours qui suivaient, la nourriture de la communauté était un peu augmentée, les religieux restaient assis et couverts durant les offices, et se recouchaient après matines (2).

Le pouvoir civil avait établi, lui aussi, des règles, mais c'était pour enrayer les abus nés d'une trop grande licence. De fortes amendes étaient infligées au phlébotomiste maladroit, ou à celui qui opérait en dehors du père, de la mère, du frère, du fils, de l'oncle, ou d'un proche du malade (3) ; l'opération de la saignée étant livrée au premier venu, il convenait de s'entourer de quelques précautions.

L'enseignement de l'école fixait les conditions d'âge, de constitution du patient, le choix de l'endroit où il devait être placé : ni trop humide, ni trop sec.

La saison n'était pas non plus indifférente : en dehors des saignées dites de nécessité, que les circonstances imposaient, il y avait des mois, des heures propices (4). Une fois la saignée terminée, cer-

(1) *Commentaires sur la règle de saint Benoît*, t. I, 570.

(2) Alf. Franklin, *loc. cit.*

(3) Loi gothique, rapportée dans la *Collectio salernitana*, t. I, 70; cité par Delattre, *Essai sur l'histoire de la saignée*, thèse de Paris, 1886.

(4) Des lettres de Jean, roi d'Aragon, du 20 décembre 1393,

taines précautions restaient à prendre : ni trop manger, ni trop boire, et surtout rejeter loin de soi la tentation dont saint Antoine eut tant de peine à se défendre. Les Salernitains, qui nous donnent ces indications, vont jusqu'à formuler le régime alimentaire convenable : tels légumes, tels fruits sont interdits, tels autres autorisés. Eprouve-t-on quelque répugnance pour l'opération, ils ont tôt fait de rassurer et d'encourager les pusillanimes : la saignée ne rend-elle pas joyeux les tristes, et ne fait-elle pas que « les amoureux ne soient plus amoureux ? »

Exhilarat tristes... amantes
Ne sint amantes phlebotomia facit.

Mais le manuel opératoire ne sera précisément indiqué que plus tard, dans l'ouvrage du plus célèbre chirurgien du quatorzième siècle, Guy de Chauliac.

Voici le portrait, que nous donne le grand praticien, du médecin appelé à exercer la *cérémonie* de la saignée, — car le rite en était soigneusement réglé.

« Le saigneur doit estre jeune, habile, clairvoyant et accoustumé à saigner et qu'il soit muni de bonnes

confirment d'autres lettres de 1332, portant prohibition de la saignée à certaines époques de l'année.

lancettes à diverses pointes. » Puisqu'il est incidemment question de lancettes, ouvrons une parenthèse.

Les uns en ont attribué l'invention aux Italiens, les

LA SAIGNÉE.
(D'après une miniature d'ancien manuscrit, le *Galien*, de Dresde.)

autres aux Français. Guy de Chauliac est-il le premier à en avoir parlé ? Le fait est possible, mais il paraît avéré que les Romains s'en servaient déjà ; car on a découvert, dans les fouilles d'Herculanum, deux instruments en bronze, dont la forme répond assez bien à celle d'une lancette ; plus tard, on a exhumé du même endroit un phlébotome à lame d'argent. L'Arabe Albucasis a employé des lancettes à lame étroite, à lame myrtiforme et à lame olivaire ; ce petit problème de priorité est donc assez malaisé à élucider.

Pour en revenir à la pratique du médecin moyenâgeux, voyons comment il s'y prenait pour ouvrir la veine.

> ... Ayant frotté la partie liée d'en haut avec une bandelette, la veine bien avisée et trouvée, avec le bout de l'indice (index), tenant sa lancette avec deux ou trois doigts, il l'ouvre doucement, non en perçant du tout ainsi en relevant aucunement, afin que l'artère et le nerf ne soient blessez. Et quand suffisante évacuation est faite, le membre deslié, la plaie soit diligemment fermée avec coton et la ligature.

L'ouverture faite, le patient doit tenir — recommandation importante — un bâton et remuer les doigts. Il aura eu soin, au préalable, « d'oster les pierres (s'il en porte dans sa bourse ou en anneaux) qui ont vertu d'arrester le sang (1) ».

Il serait oiseux d'énumérer les veines que l'on sou-

(1) *Chirurgie de G. de Chauliac*, traduction Joubert. Lyon, 1592.

mettait à la saignée. Signalons toutefois l'*humérale externe*, à laquelle l'imagination de nos ancêtres attribuait des propriétés spéciales contre les maladies de la tête : d'où son nom de *céphalique ;* l'axillaire ou humérale interne, dénommée *basilique*, en raison de l'importance de son rôle ; enfin, la *salvatelle*, qui prend son origine entre les bases des doigts auriculaire et annulaire : la saignée de la salvatelle assurait le salut des malades atteints d'affections du foie, de la rate, des poumons, des reins, etc.

Nous avons dit que, sauf les cas d'urgence, il fallait choisir la saison pour la saignée de telle ou telle veine.

En hyver, on ouvre les veines senestres et en été les dextres, parce que les humeurs que nous cherchons de vuider en ce temps-là sont plus situez ès dites parties, dont il y a un vers :

Le printemps et l'été, la dextre,
L'automne et l'hiver la senestre.

On sait quelle influence exercèrent les astres en médecine durant plusieurs siècles. Après avoir attribué à cette influence l'aggravation ou l'amélioration de l'état des malades, on lui subordonna la pratique des émissions sanguines.

La saignée n'était jamais plus salutaire que dans le second quartier de la lune, parce que la lumière de notre satellite brillant alors de tout son éclat, la force de cet astre est plus prononcée : c'est l'opinion de Pierre d'Abano ; quant à Arnauld de Villeneuve, il place dans le milieu du troisième quartier le moment le plus favorable.

La Saignée

Parmi les signes du Zodiaque, le Taureau, les Gémeaux, le Lion, la Vierge, le Capricorne, sont tenus pour moins favorables que les autres (1) ; et comme

(1) Le Dr P. Derocque (de Rouen) a fait photographier, à la Bibliothèque nationale, sur un manuscrit du xve siècle, qui contient l'anatomie de Henri de Mondeville, une miniature représentant le corps humain sur lequel sont dessinés les signes du Zodiaque. La tête est gouvernée par le Bélier, le cou par le Taureau; les Gémeaux gouvernent les bras, le Capricorne les genoux, le Verseau les jambes; les pieds subissent l'influence des Poissons. Sur cette miniature, on peut voir des traits qui renvoient au texte du manuscrit, lequel

chacun de ces signes est en rapport avec l'une des parties du corps, il se trouve des médecins qui refusent de saigner d'un membre, au moment où la lune parcourt le signe correspondant (1). Dans certaines villes, les statuts prescrivaient aux barbiers de ne saigner qu'en bonne lune (2).

Au moyen âge la saignée est la base à peu près

indique le nom de chaque veine et les indications de sa section. Il existe, paraît-il — c'est encore à M. Derocque qu'est dû le renseignement — à la Bibliothèque municipale de Rouen, un manuscrit du XIIIe siècle, montrant également les indications de la saignée.

(1) VALBAUM, *De venœ sectione*, in *Disput. chir.*, de HALLER, cité par DELATTRE, 46.

(2) Marquis de BELLEVAL, *Nos Pères*, 308. Al. MONTEIL, qui a si bien restitué, sous forme d'évocation vivante et pittoresque, les mœurs de jadis, nous fait connaître cette particularité, dans un dialogue très vivant, et basé comme toujours sur une documentation rigoureuse : « Ce même jour, continuant à cheminer dans la rue, je rencontre une femme qui m'arrête : « Maître Dalmaze, vous me connaissez bien ? — Oui, vous êtes la femme du barbier de l'enseigne rouge. — J'ai sur la conscience quelques peines que je désire vous confier. Mon mari et moi, saignons tous ceux qui se présentent, notre boutique ne désemplit pas le jour du marché. — Jusque-là il n'y a pas grand mal : votre mari y est autorisé, et vous y êtes autorisée aussi, puisque vous êtes sa femme. — Fort bien, continua-t-elle, mais nous les saignons sans nous conformer à l'ordonnance, *sans nous conformer aux lunes*. — Tant pis, lui répondis-je, et je crains bien que vous rencontriez dans l'autre monde grand nombre de gens que l'inobservation des lunes y aura précipitamment envoyés. » Art. 3 des Statuts des barbiers de Carcassonne, confirmés par Charles VI, le 9 décembre 1400 ; cité par A.-A. MONTEIL, *Histoire des Français des divers états*, tome premier (XIVe *siècle*), 26.

unique de la thérapeutique. Pour les médecins de ce temps, s'il existe trop d'humeurs, la pléthore se produit et le sang est infecté par voie de conséquence. Il y a donc presque toujours lieu de purifier les humeurs, par l'évacuation de ce sang plus ou moins vicié.

La saignée ne saurait être, en raison de cette théorie, que parfaitement légitime, dans la majorité des maladies, aussi est-elle efficace à peu près dans toutes ; on peut même l'appliquer pour provoquer une diversion : saigner à gauche, par exemple quand il existe un *apostème* (tumeur ou abcès) à droite, etc.

Et c'est une médication si commode à régler.

Pour Guy de Chauliac, la saignée doit être préférée à n'importe quel médicament, et la raison qu'il en donne est simple : « La saignée, dit-il, est arrêtée quand on le veut, tandis qu'il est impossible d'arrêter l'effet d'un médicament ingéré. » D'ailleurs, elle n'est jamais nuisible, en vertu de ce dilemme, en cours à l'époque : « Si le sang que vous retirez est mauvais, tant mieux qu'il soit sorti; s'il est bon, celui qui reste est encore meilleur. » Ce que nous traduirions aujourd'hui avec une non moindre élégance : si cela ne fait pas de bien, cela ne peut faire aucun mal.

Nous avons fait connaître les préjugés plus ou moins illusoires, qui se liaient à la pratique des évacuations sanguines, dans la période plusieurs fois séculaire que nous venons de parcourir. Mais cette médication, dont si grande est la place dans les antidotaires du moyen âge, qui avait le privilège de l'appliquer ? Ce ne sont point, comme on pourrait le croire, les chirurgiens ou les maîtres en médecine, mais de plus infimes servants de notre art, les barbiers ; or, non seulement les barbiers ne connaissaient rien en fait de médecine, mais ils étaient à ce point dépourvus d'éducation, que certains auteurs leur recommandent de ne pas opérer en état d'ébriété, ou dans la fatigue qui suit l'abus des plaisirs charnels (*sic*).

On sait que la corporation des barbiers était placée sous la direction du premier barbier, valet de chambre du roi. Sans doute n'y était pas admis qui voulait : il fallait avoir subi des épreuves avant de se servir du rasoir ou de la lancette, mais ces épreuves n'étaient guère redoutables ; d'autant que les chirurgiens de Saint-Côme, trouvant indignes d'eux les opérations que nous désignons aujourd'hui sous le nom de *petite chirurgie*, telles que la scarification, la pose des ventouses, la saignée, les abandonnaient aux barbiers. Ce n'est que vers la fin du quinzième siècle que la Faculté imposera à ces derniers de suivre un cours de chirurgie.

Grâce à leur entente, les barbiers avaient conquis

peu à peu des privilèges notables. Ils avaient été dispensés du guet cinq ans avant les chirurgiens de Saint-Côme; dès 1731, ils obtenaient leurs statuts, qui leur étaient confirmés douze ans plus tard. Ces statuts leur permettaient de saigner dimanches et fêtes, mais ils défendaient au barbier d'exercer son métier, « au cas qu'il sera réputé et nottoirement dyffamé » de tenir et avoir « hostel de bordelerie et maquerelerie »; défense leur était signifiée de raser et de saigner les lépreux; injonction leur était faite que « le sang qu'ils aront en escueilles de chaux « qu'ils aront sainié la matinée soit mis hors de « leurs maisons et enfoui en terre dedans leurre « de midi, sous peine d'amende » (1).

Entre autres règlements curieux de la même époque, il en est un que nous devons mentionner à cette place, en ce qu'il se rapporte aux barbiers et à la saignée. Le Ban des Barbiers de Douai ne permettait pas que l'on se fît raser le dimanche; voici la formule textuelle de cette interdiction :

Que nuls *barbieurs* ou *barbieresses* ne rasent le dimanche, si ce n'est nouveau prestre ou nouvelle couronne (?) ou enfant nouveau-né ou personne par nécessité commandant de le faire.

Qu'ils ne soient si hardis barbyers ou barbieresses de jeter dans l'eau ou rivière de cette ville le sang des saignées par eux faites, mais le portent dans les champs avec

(1) Archives d'Abbeville : *Registre des statuts des Corporations* (de Belleval, *loc. cit.*)

les chaviaulx (cheveux) et rasures qu'ils auront, le plus loin de la ville qu'il sera possible, et qu'ils les enfouissent

LA SAIGNÉE AU XVIe SIÈCLE.
(D'après une gravure de 1519.)

ou fassent enfouir, à peine de dix livres d'amende et de bannissement de la ville (1).

(1) Archives de la ville de Douai, cartulaire f° 18, armoire 17

Dans quelques villes, l'on s'est efforcé de restreindre, d'empêcher même, pendant certaines heures du jour, la circulation des porcs : un règlement de Malines va jusqu'à menacer de confiscation ceux de ces animaux que l'on trouvera dans l'église ou au cimetière ; et le motif de cette mesure, c'est qu'on redoutait particulièrement que les barbiers ne leur jetassent le sang humain qu'ils tiraient à leurs clients : aussi leur défendait-on de tenir de ces animaux et de déverser le sang dans un endroit accessible. A Bruges, par surcroît de précaution, le couvent de Saint-André fit donation à la ville d'un terrain destiné à recevoir le précieux liquide, que l'on entourait d'une sorte de respect superstitieux (1).

En dehors de la porte Saint-Honoré, l'endroit où commence aujourd'hui la rue Molière, il y avait jadis un terrain consacré, un lieu bénit, qu'on appelait la *Place du Sang* : c'est là que chirurgiens et barbiers de Paris étaient tenus de venir jeter le sang provenant des saignées ou d'autres opérations faites par eux.

La méthode des émissions sanguines générales, déclare un historiographe de la saignée (2), porte

Ch. Desmazes, *Curiosité des anciennes Justices*, cité par Nicolay, *Histoire des croyances*, II, 106.

(1) 1336. Gilliodts, *Invent. des Archives*, n° 424, rapporté dans *le Siècle des Artevelde*, par M. Léon Van der Kindere (Bruxelles, 1879), 382.

(2) Delattre, *op. cit.*

les traces de l'influence exercée sur la médecine par l'action rénovatrice de la Renaissance. Dès avant cette époque, l'étude des auteurs grecs originaux s'est substituée à l'enseignement des Arabes. Un fait à l'appui : au printemps de 1514, de nombreux

LA SAIGNÉE AU XVIe SIÈCLE.
(D'après un bois de 1520.)

cas de pleurésie s'étaient manifestés dans les environs de Paris; un médecin du nom de BRISSOT rompt nettement avec la tradition, qui commandait d'ouvrir la veine du côté opposé au mal : Brissot saigne, contrairement à l'enseignement des maîtres, du côté de la douleur. Cela n'alla pas sans discussions, où partisans comme adversaires de la nouvelle méthode se chamaillèrent non sans vivacité.

En dépit de ces divergences, la saignée compte un nombre de plus en plus grand de fanatiques. A entendre ces derniers, elle donne issue à toutes les humeurs, guérit les fièvres continues, la méningite et la parotidite, l'hépatite et la splénite, la néphrite et la métrite, voire même les arthrites !

Il n'est pas de meilleur moyen préparatoire à la cure de la *lues venerea* par le gaïac, etc. Mais, avares ou prodigues du sang de leurs semblables, les médecins, quels qu'ils soient, assignent une limite à la saignée, en précisent les indications.

Nul n'a encore osé ériger en méthode universelle la phlébotomie. Cette audace, un Italien va l'avoir.

Leonardo Botalli, honoré de la confiance de deux rois, Charles IX et Henri II, venu du Piémont en France, à la suite de Catherine de Médicis, profite de sa situation privilégiée, de la faveur dont il jouit tant à la Cour qu'à la ville, pour vulgariser son système. Femmes ou enfants, jeunes gens et vieillards, tout le monde est, d'après lui, justiciable de la lancette.

Le sang récent étant toujours meilleur que l'ancien, pourquoi hésiter ? La grossesse elle-même ne saurait être une contre-indication (1) : Botal, du moins, l'affirme et prétend le prouver, en citant le cas d'une de ses clientes, qui a subi avec succès, étant enceinte, onze saignées qui, pour la plupart, ont retiré presque une livre de sang à chaque coup.

On devra donc saigner dans l'épilepsie et l'hystérie ; on saignera dans la phtisie et les hydropisies : Botal n'établit point de distinction, plus ou moins subtile, entre ces diverses affections. Quant à la veine dont on fera choix, il faut qu'elle soit suffisamment large : on ne tire jamais trop de sang.

La syncope elle-même ne doit pas arrêter le saigneur. Il y a des patients qui faiblissent, quand on leur a retiré seulement six onces; ira-t-on s'effrayer pour si peu? Un homme, d'après Botal, peut, sans compromettre sa vie, perdre en un jour, par la saignée, de 6 à 9 livres de sang et supporter, dans le mois qui suit cette évacuation, une saignée nouvelle. Avec un pareil apôtre (2), tous les excès étaient

(1) Le 12 janvier 1686, il est fait une consultation pour savoir si l'on saignerait Mme la Dauphine, au commencement des trois premiers mois de sa grossesse. Le premier médecin était d'avis qu'il fallait saigner, mais la malade se rebiffa et la Faculté n'osa passer outre.

(2) L'avocat Etienne Pasquier, qui avait plaidé pour Botalli, lui demandait un jour s'il ne craignait pas d'affaiblir ses malades en leur enlevant tant de sang. « Bien au contraire », répartit Botalli, « plus on tire de l'eau croupie d'un puits,

à craindre. Aussi quelle fureur sanguinaire anima ses disciples!

En 1609, le médecin Le Moyne avoue — il se vante sans doute — qu'il a, en quinze mois, tiré douze cents palettes de sang à une jeune fille (1) : la palette de Paris représentait trois onces au moins (2). Le Moyne enleva donc 225 livres de sang à sa cliente, qui, d'après la théorie alors admise, aurait renouvelé entièrement son sang plus de neuf fois en quinze mois. Louis XIII, que son médecin Bouvard fit saigner quarante-sept fois en un an (3), n'avait donc pas le droit de se plaindre. Rappelons, à ce propos, que l'enfant-roi avait été saigné pour la première fois, à la basilique du bras droit, par Ménard, chirurgien de la reine mère (4).

Les esprits les plus pondérés sacrifiaient à cette mode funeste. Ambroise Paré rapporte qu'il saigna vingt-sept fois, en quatre jours, un jeune homme de vingt-huit ans. Riolan établit que chaque malade peut perdre sans péril la moitié de son sang. « Les Allemands et les Flamands, ajoutait-il, en ont

plus il en revient de la bonne ; plus la nourrice est tettée par son enfant, plus elle a de lait ; le semblable en est du sang et de la saignée. »

(1) L'Estoile, *Journal de Henri IV*, 26 septembre 1609.

(2) A. Paré, *Œuvres*, 357; Dionis, *Opérations de chirurgie*, 555.

(3) Amelot de la Houssaye, *Mémoires historiques*, t. I, 518.

(4) *Journal d'Héroard.*

trente livres ; les Français n'en ont que vingt. » D'après ces données, les premiers peuvent en perdre impunément quinze livres, en quinze ou vingt saignées, il est vrai; mais il fait grâce à ses compatriotes et les tient quittes pour dix (1).

Le jour de la Saint-Barthélemy, l'impitoyable Tavannes criait dans les rues : *Saignez, saignez; les médecins disent que la saignée est aussi bonne en ce mois d'août comme en mai* (2)! Mais Tavannes avait ses raisons, tandis que les médecins n'avaient d'autre prétexte à leur prurit sanguinaire que la mode, la tyrannique mode, dont on pourrait dire ce que Mme Roland disait de la Liberté, au pied de l'échafaud révolutionnaire : « Que de crimes on commet en ton nom ! »

Il faut voir avec quelle inconscience les saigneurs à outrance parlent de leur offensive manie. « Il ne se passe de jour à Paris, écrit Gui Patin, que nous ne fassions saigner plusieurs enfants à la mamelle... Toutes les fois que l'on ouvre les petits enfants morts de la petite vérole, on ne manque jamais de leur trouver quelque chose de mal dans le poumon... Le grand remède à tout cela, c'est de les saigner de bonne heure et même plusieurs fois (3). »

(1) *Les abus de la saignée*, par Boyer de Preybandier, 132.
(2) *Dictionnaire de l'ancien régime*, par Paul D... de P., 70.
(3) Gui Patin, *Lettres*, édition Reveillé-Parise ; Larrieu, *Gui Patin* (Thèse de Paris, 1889, in-8).

Une fille de Louis XIV ayant succombé en bas âge, à la suite d'une saignée pratiquée par les médecins de la Cour, Gui Patin, tout à la joie de dauber sur ses confrères, les accuse de l'avoir saignée mal à propos (1).

Cet usage de saigner les enfants (2) était nouveau, si l'on en croit Mme de Sévigné (3). « De mon temps, écrit-elle, on ne savoit ce que c'étoit que de saigner un enfant. »

La correspondance de Gui Patin abonde en détails relatifs à la saignée : on n'a qu'à l'ouvrir au hasard.

Un M. MANTEL tombe malade d'une fièvre continue : il en réchappe, malgré trente-deux saignées.

(1) *Lettres de Gui Patin*, édition REVEILLÉ-PARISE, t. III, 417.

(2) RIOLAN recommandait de saigner les enfants d'un ou deux mois atteints de petite vérole, surtout s'ils étouffaient (Dr Georges CORNU, *L'Hôtel-Dieu ;* Paris, 1897, in-8, 27).

(3) Mme de Sévigné ne voulait se confier, pour être saignée, qu'au médecin PASSERAT, « homme fort distingué (qui) parlait parfaitement le latin, le grec et l'italien. » L'aimable épistolière a immortalisé, dans une de ses lettres, le physique agréable et l'habileté du praticien. « Il y a douze jours que je me suis enrhumée de manière à faire peur, écrit-elle le 9 avril 1683 au comte de Guitaut ; je voulus, pour obvier, passer un peu par les mains de notre beau Passerat ; il me fit une saignée admirable, après avoir examiné près d'une heure, avec quel soin la Providence cache mes veines aux yeux des plus habiles chirurgiens. Ce coup de lancette m'a guérie. » Cte MARESCHAL DE BIÈVRE, *Georges Mareschal, seigneur de Bièvre*, 64.

LES APPRÊTS DE LA SAIGNÉE.
(D'après une estampe de 1536.)

Un ami du satirique, un de ses correspondants habituels, Belin, ayant quelques accès d'une tierce mal réglée, est saigné quatre fois; puis sept ou huit accès extrêmement rudes étant survenus, huit nouvelles saignées sont pratiquées ; et, par surcroît, il est purgé à outrance ; enfin, le malheureux à bout de forces et toujours tourmenté par la fièvre, part pour Troyes, où il arrive dans l'état le plus misérable.

Le fils aîné de Gui Patin tombe malade d'une fièvre continue : son impitoyable père le tire de ce mauvais pas, par le moyen de « vingt bonnes saignées des bras et du pied » ; avec, en plus, une douzaine de bonnes médecines. Cela ne l'empêcha point de mourir phtisique à l'âge de quarante et un ans; il n'est pas douteux que les « bonnes saignées », prescrites par son entêté de père, ont été la cause de cet épuisement et de sa mort. Mieux encore : un des petits-fils de Gui Patin, *âgé de trois mois*, prend froid et contracte une bronchite : « deux saignées et force lavements le garantissent. »

Gui Patin lui-même se fait saigner sept fois, pour « un méchant rhume ». D'ailleurs, toute la famille y passe, jusqu'au beau-père, à qui son terrible gendre fait tirer neuf onces de sang, « quoi qu'il ait quatre-vingts ans ».

LA SAIGNÉE DE PRÉCAUTION.
(D'après une gravure du XVIIe siècle.)

Gui Patin traitait même le mal de dents par la saignée; il écrivait, le 19 juin 1661, à son ami Falconet :

J'eus hier une grande douleur de dents, laquelle m'obligea de me faire saigner du côté même : la douleur s'arrêta tout à coup, comme par une espèce d'enchantement. J'ai dormi toute la nuit. Ce matin la douleur m'a un peu repris, j'ai fait piquer l'autre bras, j'en ai été guéri aussitôt (1).

Au temps du Grand Roi (2), nul n'était à l'abri de la lancette des chirurgiens. C'était un engouement pour la phlébotomie, comme, en d'autres temps, pour la purgation ou le clystère.

En 1658, le roi tombe malade. M. du Sausoy est d'avis que S. M. doit être saignée : Vallot s'y oppose ; M. du Sausoy lui répond :

Monsieur, je vous connais bien ; le roi a besoin d'être saigné, et le doit être; si vous ne trouvez pas bon mon avis, je ne m'en soucie pas, non plus que je ne vous tiens point capable de juger le différend.

(1) Gui Patin, édition Reveillé-Parise, t. III, 377.

(2) Cela avait commencé sous Louis XIII. On sait comment Mazarin fit saigner un jour Bois-Robert, chez Richelieu. Le Cardinal avait exilé son favori. Mazarin rappela celui-ci, et le fit placer dans la chambre du premier ministre, déjà moribond. Richelieu pleura de joie en revoyant son bouffon, qui, surpris d'un accueil aussi imprévu, en demeura ou feignit d'en demeurer tout « saisi » ; pour dissiper son embarras, Mazarin eut l'idée de faire appeler Citois, le médecin, qui tira trois palettes de sang à Bois-Robert.

Le roi fut saigné. « On l'a saigné neuf fois en tout », s'écrie triomphalement Gui Patin.

Louis XIV apportait un soin particulier au choix de son phlébotomiste; à partir de 1703, la saignée royale fit partie des attributions du premier chirurgien. Le 5 mai 1704, Georges Marescal débutait dans ses fonctions et saignait le roi pour la première fois. Il s'y prit, au dire des chroniqueurs, fort adroitement.

Comme tout ce qui concernait le roi, la saignée donnait lieu à un cérémonial minutieusement réglé.

Au chevet du lit, le premier médecin, une bougie à la main, éclairait le bras de Sa Majesté. Près de lui, l'apothicaire « de quartier » tenait la première « palette »; un aide, muni de plusieurs autres vases, suivant la quantité de sang que l'ordonnance médicale prescrivait de faire couler, devait successivement les tendre à l'apothicaire. Quand tout était préparé, le chirurgien-opérateur possédait un privilège spécial : il pouvait faire sortir de la chambre royale ceux des spectateurs qui lui déplaisaient.

Après la saignée, le premier chirurgien bandait soigneusement le bras du roi, et demeurait près de son lit jusqu'au moment du lever; quand les officiers de la chambre aidaient Sa Majesté à revêtir ses habits, il veillait à ce que le pansement ne fût pas déplacé. A partir de 1711, Louis XIV remit à Georges Mareschal lui-même le soin de l'habiller aux jours de saignée.

D'après les « Etats de la France », les saignées royales étaient payées « par ordonnance » au chirurgien qui les pratiquait : il avait droit à six cents livres (soit deux mille cinq cents francs) pour chaque opération, et les draps qui lui servaient devenaient sa propriété.

Louis XIV avait de la répugnance pour la saignée, parce que cette opération « lui causait des vapeurs ». Mais chaque année, quand venait le printemps, Fagon lui adressait de telles remontrances, que le roi se résignait à subir, par précaution, la lancette de son premier chirurgien.

En 1705, la saignée de Sa Majesté fut retardée par une longue attaque de goutte; pour l'obtenir, Fagon dut vaincre « la répugnance que le roi témoignait à se laisser saigner » (1).

Monsieur, frère de Louis XIV, avait une véritable aversion pour la saignée. En 1701, il eut des saignements de nez, qu'il cachait aux médecins, crainte qu'ils ne le fissent saigner. Etant un jour à Marly, à table avec le roi, il lui prit un saignement de nez si considérable, que toute l'assemblée fut alarmée. On envoie chercher Fagon, premier

(1) *Georges Mareschal, seigneur de Bièvre*, par le Cte MARESCHAL DE BIÈVRE, *passim.*

UNE SAIGNÉE A L'ÉPOQUE DU GRAND ROI.
(D'après une estampe du temps.)

UNE SAIGNÉE A L'ÉPOQUE DU GRAND ROI.

(D'après une estampe du temps.)

médecin, à qui une longue expérience avait acquis le droit de parler aux princes avec une dureté salutaire. Il lui dit, après l'avoir examiné : « Vous êtes menacé d'apoplexie et vous ne sauriez vous faire saigner trop promptement. » Le roi se joignit à diverses reprises au médecin, pour vaincre la résistance que son frère opposait à la saignée; mais n'ayant jamais pu l'obtenir, il lui dit à la fin : « Vous verrez ce que votre opiniâtreté vous coûtera; on nous éveillera une de ces nuits pour nous dire que vous êtes mort. »

La prédiction ne s'accomplit que trop exactement; car, au bout de quelque temps, après avoir soupé gaiement à Saint-Cloud, Monsieur était sur le point de se retirer, lorsqu'il tomba mort, en demandant à M. de Ventadour, qui était auprès de lui, d'une liqueur que le duc de Savoie lui avait envoyée (1).

Louis XV, comme son prédécesseur, dut se soumettre à la tyrannie de la lancette. En 1720, à la suite d'une chute sur la tête, il eut une bosse au

(1) « Monsieur, écrit SAINT-SIMON (*Mémoires*, t. III, 156), crevait du besoin d'être saigné ; il l'avouait lui-même, et le roi l'en avait même pressé plus d'une fois malgré leurs piques. TANCRÈDE, son premier chirurgien, était vieux, saignait mal et l'avait « manqué ». Il ne voulait pas se faire saigner par lui et, pour ne point lui faire de peine, il eut la bonté de ne pas être saigné par un autre et d'en mourir.» Le frère du roi fut enlevé par une attaque d'apoplexie, le 9 juin 1701.

front, une écorchure sous l'un des yeux et quelques meurtrissuress : les médecins étaient généralement d'avis de le saigner, suivant la coutume; mais, devant l'opinion contraire de Mareschal, le précepteur de l'enfant-roi s'y opposa, et l'on se contenta d'une application de compresses; sept jours plus tard, Louis XV tombait de son lit et se blessait légèrement : cette fois, on lui tira quelques gouttes de sang, « plutôt, imprime la *Gazette*, pour l'empêcher d'aller pendant quelques jours à la chasse, que par nécessité. »

L'année suivante, une petite vérole volante donne des inquiétudes aux médecins ; ils la traitent cependant sans saignée ni émétique ; ce n'est qu'en 1732 que, pour une attaque d'oreillons, la Faculté prescrivit d'ouvrir la veine à deux reprises.

On sait que, faute d'une saignée, Louis XV faillit succomber sous le fer d'un assassin : l'anecdote vaut la peine d'être rappelée.

Dans la nuit du 3 au 4 janvier 1757, se présentait à l'hôtel de Lannion, à Versailles (actuellement 25, rue Satory), un individu de tournure assez louche, qui déclara s'appeler Lefèvre. On lui donna une chambre et on lui servit à manger et à boire. Le lendemain, il réclamait un chirurgien, pour se faire saigner. L'hôtesse, trouvant la demande ridicule, de la part d'un homme qui n'avait nullement l'air souffrant, n'y attacha aucune importance.

L'individu se rendit alors au château, rôda pendant plusieurs heures dans les cours et sous la voûte, du côté de la chapelle ; enfin, vers 6 heures du soir, au moment où le roi, sortant de chez Mesdames, se disposait à monter en carrosse, le promeneur solitaire s'approchait de lui et le frappait violemment au côté, d'un coup de canif. Damiens — car Lefèvre, c'était lui — était aussitôt appréhendé et mis à la geôle ; on connaît le reste de l'histoire.

Ainsi, ce criminel fou, qui avait besoin d'être saigné tous les quinze jours, n'aurait peut-être pas commis son crime, si la dame Fortier, la patronne de l'auberge où il était descendu, lui avait procuré le chirurgien qu'il réclamait. A quoi tiennent les événements !

. . . .

Il fut un temps où le respect et l'observation des formes réglaient tous les actes de la vie extérieure (1); dans la maladie même, l'étiquette conservait ses droits : ouvrez la correspondance de Mme de Sévigné et vous serez édifié.

(1) DIONIS rapporte que Mme la princesse d'ESPINOY fut prise d'un étourdissement et perdit connaissance, en sortant de table chez M. de Barbezieux ; tous les remèdes furent inutiles, elle ne tarda pas à succomber : cela faute d'une saignée, qu'on lui avait conseillée la veille de sa mort, et qu'elle avait différée, « étant une des Dames nommées pour Marly », et ne voulant, pour rien au monde, renoncer à cette faveur (*Dissertation sur la mort subite*, par M. DIONIS, 19-22).

Mme de Sévigné, qui venait de perdre le chevalier de Grignan, mort de la petite vérole, écrivait le 10 février 1672 : « Il a été rudement saigné : il résista à la dernière qui fut la onzième ; *mais les médecins l'emportèrent.* » Pouvait-il en être autrement ?

« Dans ce pays-ci, écrivait dans le même temps un Italien (1), de passage en France, on saigne pour le moindre mal, et jusqu'aux enfants d'un an... On prétend que l'influence du climat change en sang la majeure partie de la nourriture ». Et il nomme un de ses compatriotes qui, tombé malade à Paris, dut subir 22 saignées, 110 lavements, « un le matin et un le soir », et qu'on mit à la diète tant que dura la fièvre, ce qui n'était pas si déraisonnable.

Certains médecins jugeaient que la saignée était non seulement inutile, mais nuisible ; à la vérité, ils étaient le petit nombre.

Songez qu'à cette époque bénie des barbiers (2),

(1) *Voyage en France*, par S. Locatelli, 51.

(2) De longue date, les barbiers s'étaient approprié la pratique de la phlébotomie ; l'extrait suivant des archives des Quinze-Vingts témoigne que cette pratique leur était officiellement confiée dans les hospices : « A Maistre Jullian du Mollin, Me barbier à Paris, cent solz tournois pour avoir fait plusieurs visitacions et seignées aux malades de l'infirmerye par l'espace d'ung an et demi. » Au seizième siècle, voici ce que recevait le barbier saigneur, pour ses honoraires : « Au barbier pour avoir seigné la dicte Jehanne, ainsi que a ordonné le médecin, payé douze deniers tournois. » *Reg.* 6225, fo 99, *année* 1526. D'après les statuts de la communauté de Cologne, « il est convenu encore, pour « oster toute sorte

UNE SAIGNÉE AU XVIIe SIÈCLE.

(D'après une gravure d'ABRAHAM BOSSE : *Bibliothèque nationale*, Estampes.)

on était persuadé qu'il n'était point moyen meilleur, pour une femme, de se conserver belle, que de se faire piquer la veine de temps à autre.

Le voyageur, dont nous avons tout à l'heure emprunté la relation, remarque l'étonnante blancheur de teint des Françaises, blancheur qu'elles conservent « en s'abstenant de vin, en buvant beaucoup de lait, *en usant de saignées très fréquentes*, de lavements, et d'autres moyens encore. » Aussi leurs joues sont-elles de roses et leur teint de lis. « Les dames étudient l'art de se rendre pâles », écrivait le cavalier Marini, parlant des Parisiennes ; et c'est, ajoute-t-il, parce qu'elles se font souvent saigner.

Pour l'opération elle-même, c'était une mise en scène savamment réglée, que nous révèlent maintes estampes, dont celle d'Abraham Bosse est la plus connue.

Remarquez la petite palette que tient le jeune page, et dans laquelle il recueille le sang de la

« d'abuds qui se glissent et comectent dans l'art de chirurgie, « qu'à l'avenir, à commencer de ce jour, aucun desdits chi- « rurgiens ne pourra faire la barbe à moins d'un sol, ni la « saignée du bras à moins de dix sols, excepté que ça ne « soit dans la boutique ; la saignée du pied à quinze « et vingt sols au plus et non à moins ; la ventouse scarifiée, « la paire à quinze et vingt sols au plus et non moins ; et les « ventouses sèches à dix sols la paire ; l'application d'un caus- « tique au bras ou à la jambe, à vingt sols ; et les lavements « communs à dix sols. » On trouvera le tarif des saignées au dix-septième siècle dans l'ouvrage de l'érudit Dr Alex. FAIDHERBE, *Les Médecins avant 1789.*

belle malade. Ces palettes étaient de petites écuelles d'étain ou d'argent, d'une capacité rigoureusement fixée. Dans les inventaires du grand siècle, elles sont toujours, chez les gens de qualité s'entend, en métal fin. Il n'en était pas de même aux premiers temps de la monarchie. Dans le principe, elles étaient en pierre. Un passage de la *Chronique rimée* de Ph. Mouskes, relatif à la mort de Dagobert, est, à cet égard, caractéristique. Le roi se fit saigner dans une « pierre cavée », et la reine, ayant fait percer cette pierre, le roi ne s'aperçut pas de la quantité de sang qu'il perdait (1) : ce fut, dit-on, la cause de son trépas.

Ce n'est pas le seul exemple de saignée mortelle que relate l'histoire. N'a-t-on pas prétendu que cette opération intempestive ne fut pas étrangère à la mort de Raphaël (2) ?

L'illustre bailli de Suffren ne périt-il pas d'une saignée pratiquée pour un accès de goutte (3) ?

La même pratique aurait été, dit-on, fatale au poète

(1) *Dict. de l'Ameublement, de* Havard, t. IV, col. 24.

(2) « Quel est le barbare, si étranger aux beaux-arts, qui ne sache que Raphaël périt ainsi à la fleur de son âge ? Après quelques excès, dit-on, avec la Fornarina, il tomba malade, *fut largement saigné* et ne tarda pas à succomber. » *Physiologie et Hygiène des hommes livrés aux travaux de l'esprit*, par J.-B. Reveillé-Parise, t. III (1839), 84.

(3) *La longévité humaine, ou l'art de conserver la santé et de prolonger la vie*, par le Dr P. Foissac, 454. Cf. *Dict. de médecine*, en 60 vol., art. goutte, 214.

Benserade. M. de Benserade allait être taillé ; or, avant de procéder à la taille, il était de coutume qu'on fît une saignée préalable ; le mauvais chirurgien qui vint saigner M. de Benserade, se trompa, piqua l'artère et fut si effrayé de ce qu'il avait fait qu'il se sauva à toutes jambes. On n'eut que le temps d'aller chercher le père Commine, confesseur et ami du patient, qui n'arriva que pour le voir mourir (1).

Le philosophe Gassendi s'affaiblit après deux saignées, au point que rien ne put le rétablir. Descartes, atteint à Stockholm d'une pneumonie, fut saigné le huitième jour et succomba presque aussitôt (2).

Au mois de mars 1712, à l'occasion de la mort du Dauphin, la princesse Palatine écrivait :

Les docteurs ont encore commis une fois la même faute qu'avec Mme la Dauphine (3) ; car le petit dauphin

(1) Faguet, Cours de littérature française à la Sorbonne, (*Revue hebdomadaire des cours et conférences*, du 17 décembre 1896.) Cf. *Magasin pittoresque*, 1843, 264.

(2) Raspail, *Revue élémentaire de Médecine, Pharmacie*, etc., t. II, 90-1.

(3) La Dauphine était morte, le 22 juillet 1746, au troisième jour de son accouchement, emportée par une fièvre puerpérale. Les pamphlétaires ménagèrent l'accoucheur, mais ne furent guère tendres pour le médecin appelé en consultation : Bouillac fut en butte aux épigrammes les plus acérées. En voici une, entre beaucoup d'autres :

étant tout rouge de la rougeole et en transpiration, ils l'ont saigné, lui ont ensuite donné de l'émétique et le pauvre enfant est mort pendant l'opération.

Pour le duc de Berry, il en alla de même. « On vient de le saigner pour la huitième fois », nous apprend encore la Palatine ; « il est affreusement défait. » Peu après, il succombait.

Une fille du Régent, Diane d'Orléans, épouse du prince de Conti, mourut également, victime du système.

Cette princesse était grosse d'environ quatre mois. Survient une petite vérole, compliquée de pourpre. On envoie quérir l'accoucheur à Versailles : il accourt et fait saigner la princesse. Il renouvelle quatre fois de suite la même opération, sans se préoccuper de l'état de grossesse de la patiente.

Les symptômes s'aggravent. On demande en consultation les plus célèbres praticiens : Dumoulin, Silva prescrivent... une saignée au pied, «pour faire tomber l'enfant ». L'accouchement se fait, mais « le

Jadis le grand Henry finit sa destinée
Par tes coups meurtriers, infâme Ravaillac ;
L'épouse du Dauphin, non moins infortunée,
Vient de trouver la mort dans les mains de Bouillac.

Ton crime fut bientôt puni par les supplices ;
Mais aujourd'hui les lois, ou les juges plus doux,
Laissent vivre Bouillac pour d'autres sacrifices,
Pour immoler les sœurs, et l'enfant, et l'époux.

délivre ne venant point, l'enfant resta dans ses jambes et y mourut. » On s'aperçut que la gangrène s'était produite ; on saigna, on resaigna ; mais la princesse, épuisée — on le serait à moins — expira peu après (1). La princesse de Conti était, au dire de son médecin, « le plus beau corps de femme qu'il eût jamais vu. »

Après une copieuse saignée, les forces de Mirabeau baissèrent brusquement, pour ne plus se relever. De même, La Mettrie, ayant eu à Berlin une violente indigestion, s'étant mis au bain, se fit saigner huit fois ; on ne s'étonne pas qu'il ait péri à la suite d'un traitement aussi extravagant.

Byron, enfin, sujet à des congestions céphaliques, consent à l'application de sangsues aux tempes ; une piqûre ayant atteint l'artère, on eut beaucoup de peine à arrêter le sang, qui coulait avec une telle abondance que le malade s'évanouit. Depuis lors, le patient resta faible et languissant.

On prétend que sa mère, effrayée des conséquences de cette saignée, lui avait fait promettre, à son lit de mort, qu'il ne consentirait plus jamais à se laisser saigner : aussi Byron refusa-t-il de se soumettre à cette médication, lorsqu'il fut atteint de la maladie inflammatoire qui l'emporta, le 19 avril

(1) Nous avons résumé le récit du commissaire Dubuisson, donné plus complètement par Witkowski, *Curiosités historiques sur les accouchements*, 81-82.

1824, âgé seulement de 36 ans. « Tirer du sang d'un malade nerveux, écrivait-il, c'est relâcher les cordes d'un instrument de musique, qui n'est discord que parce que les cordes ne sont pas assez tendues (1) ».

Que de pareils excès aient donné carrière à la verve des satiriques, nul ne songe à s'en étonner ; comme le dit un personnage de Molière, « d'avoir recours à de tels remèdes, cela n'est permis qu'aux gens vigoureux et robustes, et qui ont des forces de reste pour porter le remède avec la maladie » (2).

Le pis, c'est que le remède était à la fois préservatif et curatif ; dans de telles conditions, nul n'y échappait.

On commençait par la saignée dite de précaution. Le médecin s'adressant à son malade :

Cette grande santé est à craindre, prononçait-il avec gravité, et il ne sera pas mauvais de vous faire quelque petite saignée amiable...

— Mais, monsieur, de répliquer le patient, voilà une mode que je ne comprends point. Pourquoi s'aller faire saigner quand on n'a pas de maladie ?

— Il n'importe, la mode en est salutaire, et comme on boit pour la soif à venir, il faut se faire aussi saigner pour la maladie à venir (3).

(1) *Mémoires de lord Byron*, cités par Reveillé-Parise, *op. cit.*, 87.

(2) *Le Malade imaginaire.*

(3) *Le Médecin malgré lui.*

Mais la saignée servait parfois de moyen de diagnostic :

— Combien a-t-il été saigné de fois ?

— Quinze fois, monsieur, depuis vingt jours.

— Quinze fois saigné ?

— Oui.

— Et il ne guérit point ?

— Non, monsieur.

— C'est signe que la maladie n'est pas dans le sang. Nous le ferons purger autant de fois, pour voir si elle n'est pas dans les humeurs (1).

A son ordinaire, Molière n'exagère rien — ou si peu. Il faut dire tout de suite, à la décharge des phlébotomistes, que le tempérament des contemporains de Molière n'était pas celui des Parisiens du vingtième siècle. A Paris, « l'air respiré était grossier et épaississait le sang ; puis on y faisait bonne chère. » Nos Parisiens, ajoute l'auteur que nous citons, « font ordinairement peu d'exercice, boivent et mangent beaucoup et deviennent fort pléthoriques ; en cet état, ils ne sont presque jamais soulagés de quelque mal qui leur vienne, si la saignée ne marche devant puissamment et copieusement » (2).

Aussi, mal avisé qui médisait de la saignée ! Les ennemis de la saignée étaient traités de charlatans,

(1) *Monsieur de Pourceaugnac.*

(2) *L'art de saigner, par un maître chirurgien de Paris* (Mauduit), cité par Le Maguet, *Le Monde médical parisien sous le Grand Roi.* (Thèse de Paris 1899, 280).

de « gens à secret, vendeurs de baume, distributeurs de vins composés, et autres semblables trompeurs ». Les médecins empiriques, qui se risquaient à décrier la saignée, ou même à ne la point prescrire, étaient houspillés de la belle façon.

Lors de la maladie de Monseigneur le duc du Maine, Madame de Montespan avait mandé à la cour, sur la foi de sa réputation, un certain M***, « homme sec et mélancolique, qui parlait peu et qui se disait de qualité ». Ses partisans le disaient très riche et prétendaient qu'il ne faisait de la médecine que pour faire profiter le public des « merveilleux secrets que ses études et ses veilles lui avaient fait découvrir ». Mais les médecins de la Cour veillaient. Comme l'intrus ne s'était pas montré fanatique de la saignée, on eut tôt fait de le décrier. Son règne fut de courte durée et il s'en retourna à Paris, « où depuis ce jour, sa réputation alla tellement en diminuant, que deux ans après on ne parlait plus de lui ».

Vous entendez bien que celui qui nous donne ces informations (1) est un chaud partisan de la saignée, et qu'à son sentiment, il faut vouloir « paraître singulier » pour déclamer contre elle. Comme il n'est pas de ceux qui cherchent à se singulariser, il va nous dire, par le menu, quelles con-

(1) Dionis, *Cours d'opérations de chirurgie*, passim.

ditions doit remplir quiconque prétend exceller dans l'art si délicat de la phlébotomie : c'est comme le *vade-mecum*, le manuel du parfait saigneur.

« Il faut qu'il (l'opérateur) soit bien fait, pour ne point déplaire au malade ; qu'il ait de l'esprit pour persuader ce qu'il dit ; qu'il ait la vue nette et perçante pour distinguer les moindres objets, de sorte qu'il n'ait point de faiblesse dans les yeux, ou qu'il ne soit point obligé de regarder de près ; qu'il n'ait point aussi la main trop grosse, parce qu'elle serait pesante ; qu'il ait les doigts longs et grêles, et que la peau en soit blanche et fine, parce que le tact en est plus délicat ; il ne faut point qu'il soit sujet à boire, de crainte qu'étant appelé la tête pleine de vin, il fût obligé de faire une de ces saignées difficiles ; il ne doit point pareillement arracher les dents, cogner des clous, hacher du bois, jouer à la paume, au mail et à la boule, parce que tous ces exercices peuvent lui ébranler la main ; enfin, il doit avoir une attention sérieuse pour la conservation de la main, s'il veut bien saigner et longtems. »

Il ne suffit pas d'avoir l'œil bon et la main ferme, il faut encore avoir de bons instruments pour saigner sans douleur.

« Le choix des bonnes lancettes ne contribue pas peu à faire une bonne saignée ; pour peu qu'elle soit émoussée ou que le taillant en soit rude, il faut l'envoyer au coutelier ; on ne doit point ménager sur cet article. Le chirurgien aurait la main des plus légères, avec une méchante lancette il fera de la douleur. Il doit en avoir des couteliers qui sont le plus en réputation à quelque prix que ce soit. »

Petite réclame, au passage, pour un coutelier de Lyon.

Le chirurgien phlébotomiste, doué des qualités que nous venons d'énumérer, pourvu de bonnes lancettes, doit en avoir de différentes longueurs, selon les veines qu'il aura à piquer.

Bien que cette opération soit de peu d'importance, encore convient-il de la faire en trois temps, c'est-à-dire que le phlébotomiste « examinera ce qu'il y a à observer *devant, durant* et *après* la saignée ».

La saignée a-t-elle été prescrite par le médecin, il n'y a qu'à se conformer à la prescription de l'homme de l'art, dans le plus bref délai. Il en va autrement si l'on a été appelé par le malade ; auquel cas « il faut s'informer des raisons qui l'obligent à se faire saigner, et voir s'il est en état d'être saigné ; car s'il sortoit d'un grand repas ou qu'il y eût très long-tems qu'il n'eût pas pris de nourriture, s'il étoit dans le frisson ou dans la chaleur d'un accès de fièvre, ou qu'il fût encore dans la sueur à la fin de l'accès, s'il venoit d'agir à ses affaires, s'il étoit en colère, s'il avoit froid, ou s'il avoit fait quelqu'autre excès, ce seroit toutes raisons pour différer la saignée. Mais s'il n'y a rien qui la doive empêcher, il faut que le chirurgien prépare tout ce qui lui est nécessaire. »

Que d'abord, il commence par faire allumer une bougie ; d'autres préfèrent la chandelle, parce que, « s'il tombait de la cire sur le bras, elle feroit plus de douleur que le suif ». Un bout de bougie est plus commode qu'une bougie entière, qu'on ne peut, en raison de sa longueur, placer où l'on veut : « la grosse bougie de la cave convient mieux qu'aucune autre. » Voilà pour le lumignon. Il ne reste qu'à faire choix de la bande à bander le membre sur lequel doit se pratiquer la saignée.

Cette bande sera « de toile, ni trop neuve, ni trop usée... de la largeur d'un pouce et longue d'une aune et demie ». Un petit bout de ruban de fil, cousu aux extrémités, facilite le nœud, « qui n'est pas si gros que quand il est fait avec la bande ». La bande ne doit avoir ni lisières, ni ourlets ; « celles du ruban de fil sont très incommodes, elles ne compriment pas assez » ; de plus, elles provoquent de la douleur chez les sujets qui ont les membres un peu grêles.

On prépare ensuite les palettes : on en dispose trois sur trois assiettes différentes ; si on les mettait toutes trois dans un même plat, elles ne seraient pas de niveau et, par suite, on ne les remplirait qu'imparfaitement. N'aurait-on dessein que de tirer deux palettes, il peut y avoir parfois des surprises et la troisième palette y pourvoit.

« Les palettes (ou poëlettes) ont chacune une petite oreille pour les tenir en cas de nécessité ; elles doivent tenir trois onces afin de sçavoir au juste la quantité de sang qu'on a tiré. »

Si on a le choix, mieux vaut saigner le matin que le soir, où « les veines ne s'enflent pas si bien et le sang a de la peine à rejaillir ».

Comme le sujet peut avoir des faiblesse, il est bon d'avoir à sa portée un verre d'eau, dans laquelle on versera, le moment venu, un peu de vinaigre ou d'Eau de la reine de Hongrie. Ces précautions prises, on dispose le malade pour l'opération.

On le fait approcher du bord du lit, qui est du côté du bras à saigner. « On met un carreau ou un oreiller derrière lui, pour le tenir appuyé à son séant, et on fait garnir le lit d'un drap ou d'une couverture, pour recevoir le sang lorsqu'il jaillit après l'ouverture de la veine. »

Si l'opérateur craint que la clarté du jour l'incommode, il ordonne de fermer les rideaux du lit. Il fait tenir la bougie par une personne que la vue du sang n'épouvante pas ; « car, si cette personne allait tourner la tête dans le tems de la piqure, ce mouvement en feroit faire un autre à son bras, qui, éloignant la lumière, pourroit faire manquer la saignée ; c'est pourquoi, dans les saignées de conséquence, le chirurgien doit amener avec lui un garçon sur lequel il puisse compter, tant pour tenir la bougie avec fermeté, que pour appuyer le bras du malade, afin qu'il ne puisse pas le retirer dans le moment de la piqure.

« Quand on saigne le Roi, ou quelqu'un de la Famille Royale, c'est le premier médecin qui tient la bougie ; il se fait un honneur de rendre ce service, aussi bien que l'apothicaire de tenir les poëlettes. »

Au moment où il saigne, le chirurgien a le droit de faire sortir qui lui déplaît, car la vue de personnes hostiles pourrait gêner la manœuvre (1) : ainsi Félix le père, se disposant à saigner le Roi, dit à l'huissier de faire sortir un des chirurgiens de quartier, qui n'était pas de ses amis.

D'autres chirurgiens ne se trouvaient pas le moins du monde embarrassés, même quand il y avait affluence autour d'eux : tel l'auteur du manuel opératoire qui nous sert de guide. « Toutes les fois, écrit

(1) Le Dr René Millon, qui nous communiqua jadis, pour la *Chronique médicale* (1896, 648 et s.), un amusant pastiche, composé pièce par pièce avec des documents authentiques, de la « Saignée du Roy », n'a eu garde d'omettre ce détail et bien d'autres traits de pratique, puisés dans les auteurs du dix-septième siècle.

Dionis, que j'ai saigné Madame la Dauphine (1) ou quelqu'un des Princes, la chambre était pleine de monde, et même Monseigneur et les Princes se mettoient sous le rideau du lit, sans que cela m'embarrassât. »

Le chirurgien doit veiller à n'avoir rien sur lui qui l'incommode : « s'il a des manches trop longues, il faut qu'il les retrousse ; si sa perruque l'embarrasse, il la noue avec un ruban ; enfin, il fait en sorte qu'il n'y ait rien qui puisse l'empêcher de bien exécuter la saignée. »

Mais il ne faut pas exagérer, imiter par exemple ce chirurgien « des plus employés qui soient à présent à Paris, lequel fait fermer fenêtres et portes ;

(1) Veut-on savoir le prix que le chirurgien de Mme la Dauphine demandait pour faire une saignée à son auguste cliente ? Une quittance, du 28 juillet 1688, va nous renseigner très explicitement : « En la présence des Conseillers du Roy, notaires, garde-notes au Châtelet de Paris, soussignez, Pierre Dionis, chirurgien du corps de Mme la Dauphine, a confessé avoir receu de Estienne Rollot, escuyer, sieur de Latour, conseiller secrétaire du Roy, Maison, Couronne de France et de ses finances, Trésorier général de ladicte dame la Dauphine, la somme de *cent cinquante livres tournois*, à luy ordonnée pour une seignée du bras qu'il a faict à madicte dame la Dauphine le 4 juin dernier.

« Dont quittance, faict et passé à Paris, en nostre étude, l'an mil six cens quatre-vingt-huict, le vingt-huitiesme jour de juillet avant midy et a signé :

« Dionis. »

(*Intermédiaire des Chercheurs et Curieux*, 25 mai 1870, col. 319.)

qui défend que personne ne marche ni ne parle dans la chambre ; qui fait des préparatifs aussi grands, et qui prend autant de précautions pour une saignée, que s'il allait couper un bras ou une jambe. Il est bon de prendre les mesures nécessaires pour réussir, mais les mesures outrées sont inutiles, et même dangereuses, parce que jettant

JETON DISTRIBUÉ PAR DES BUREAUX DE CHARITÉ, ET QUI DONNAIT DROIT A UNE SAIGNÉE DU BRAS.

la crainte dans le cœur du malade, elles empêchent que le sang ne sorte avec la même liberté qu'il auroit fait. »

Voici le phlébotomiste qui se dispose à entrer en scène. Il saisit le bras de l'opéré, « le couvrant jusqu'à quatre doigts au-dessus du coude ». Il a mis une serviette, afin d'éviter que le sang ne vienne à tacher la chemise du patient et surtout de la patiente. « C'est une circonstance qu'il ne faut pas oublier aux dames de la première qualité, dans les saignées de grossesse ou de précaution, car elles se parent ces jours-là pour recevoir leurs visites, et même avant la saignée, et si par hasard quelques gouttes de sang alloient salir et déranger leur parure, elles ne le pardonneroient pas au chirurgien. »

Dionis fait une remarque assez malicieuse à ce propos : « Quand j'ai saigné, observe-t-il, des maris en présence de leurs femmes, les femmes ne vouloient point que je tirasse beaucoup de sang ; et quand j'ai saigné des femmes, les maris n'étoient point contens que la saignée ne fût ample et copieuse. » Ils ont, ajoute-t-il finement, les uns et les autres leurs raisons, qui ne sont pas difficiles à deviner.

Quelques détails sont encore à relever. On voit tels chirurgiens porter, « dans une poche faite exprès, un bâton de la longueur d'un pied et demi, garni de velours, et même brodé ; ils le donnent à tenir au malade, aussitôt que la piqûre est faite; ils prétendent que ce bâton n'est pas seulement pour le tourner dans la main, mais que le bout de ce bâton, posant sur le lit, sert à appuyer le bras du malade. »

D'autres se contentaient de mettre dans la main de celui-ci l'étui contenant les lancettes.

Le saigneur avait pris, au préalable, dans son lancettier, la lancette qui convenait, il la portait à sa bouche « la pointe tournée à gauche quand il devait saigner au bras droit, et tournée à droite, quand il devoit saigner au bras gauche ». Il commandait ensuite au malade de serrer la main, le pouce entre les doigts. L'aide se plaçait au côté gauche du chirurgien, près du chevet du lit, tenant la bougie et la palette.

Le chirurgien, après avoir marqué avec l'ongle l'endroit qu'il voulait piquer, resserrait la ligature, afin de bien tendre la peau du bras. Frictionnant ensuite de bas en haut l'avant-bras avec la main droite, il empoignait en même temps le bras avec sa main gauche, et posait le pouce de celle-ci sur la veine.

Prenant alors sa lancette entre le pouce et l'index, « par le milieu du fer, afin de la tenir avec plus de fermeté », il posait sur le bras le bout des autres doigts, pour empêcher que sa main ne vacillât, et il enfonçait la lancette, jusqu'à ce qu'il sentît qu'il était dans la veine. Le sang rejaillissait plus ou moins loin, selon que la veine était plus ou moins grosse, ou « selon la chaleur et la vivacité du sang ».

Quand le jet de sang allait « en arcade », tout était au mieux : les spectateurs s'extasiaient sur l'habileté du phlébotomiste ; mais l'opération était moins bonne quand le sang coulait le long du bras.

Le sang s'arrêtait-il, le malade n'avait qu'à malaxer un moment l'étui à lancettes qu'il tenait entre ses mains, pour hâter le mouvement du liquide sanguin. Le chirurgien n'avait plus qu'à poser sur la plaie deux compresses et une bande en 8 de chiffre, puis à laver son instrument. Il s'entretenait un moment avec l'opéré, avant de le quitter, le rassurant ou le félicitant ; et de quelque manière que la saignée eût tourné, il en tirait des déductions avantageuses pour le patient.

Il se livrait ensuite à un examen approfondi du sang, afin d'établir son diagnostic : le sang noir et aqueux était la marque d'une fièvre quarte ; le sang de teinte jaune, d'une maladie de la rate ; le sang à reflets verts bleuâtres, d'une affection du foie, etc.

Le manuel opératoire de la saignée variait peu ; seul, le bandage qui maintenait les compresses changeait de nom : c'était le *royal* (pour la veine du pouls) ; le *chevestre* (pour les veines temporales) ; la *fronde* (pour les veines du nez), etc.

La saignée s'accompagnait quelquefois d'accidents, mais il était rare qu'ils eussent la gravité de ceux que nous avons mentionnés. Nous pouvons ajouter toutefois aux noms des victimes de la saignée, celui du grand Condé, et celui du duc de Saint-Simon, l'auteur bien connu des *Mémoires ;* mais les deux personnages en furent quittes pour la peur.

Le grand Condé se faisait un jour saigner. D'Allence, l'opérateur, lui pique l'artère : — « Monseigneur, lui dit-il, quel parti prendriez-vous, si votre chirurgien, en vous saignant, avait eu le malheur de vous blesser ? » — « Si j'avais confiance en lui, répartit le prince, je l'engagerais à réparer le mal qu'il aurait fait. » D'Allence travailla si bien que le mal fut, en effet, réparé. Le prince se rappelait, sans doute, cette aventure, lorsque, plusieurs années après, se trouvant obligé de se faire saigner en route, par un *frater* de village, il lui dit : « Ne trembles-tu pas de me saigner ? » — « Ma foi, mon prince, c'est à votre Altesse à trembler. » Ce qui n'était pas mal riposter.

Quant à Saint-Simon, il vit, à la suite d'une saignée maladroite, se former un abcès, qu'on dut ouvrir, mais qui n'eut pas de conséquences fâcheuses. On n'en accusa pas moins le chirurgien d'avoir piqué un tendon ou un nerf.

Pareille mésaventure était arrivée au roi Charles IX ; Ambroise Paré en a conté le récit dans des termes qui méritent d'être rappelés.

Le Roi ayant la fièvre, monsieur Chapelain, son premier médecin, et monsieur Castellan, aussi médecin de Sa Majesté la Reine Mère, lui ordonnèrent la saignée. Pour la faire on appela un chirurgien qui avait bruit de bien saigner; lequel cuidant faire ouverture à la veine, piqua le nerf, qui fit promptement écrier le Roi, disant avoir senti une très grande douleur; par quoi assez hautement je dis qu'on desserrât la ligature, autrement que le bras enfleroit bien fort, ce qui advint subit avec une contraction du bras, de manière qu'il ne le pouvoit fléchir et étendre librement, et y étoit la douleur extrême tant à l'endroit de la piqûre que de tout le bras. Pour le premier et plus prompt remède j'appliquai une petite emplâtre de basilicon de peur que la plaie ne s'agglutinât, et par dessus tout le bras des compresses imbues en oxycrat, avec une ligature expulsive, commençant au carpe et finissant prè l'épaule, pour faire renvoi du sang et esprits au centre du corps, de peur que les muscles ne reçussent trop grande fluxion, inflammation et autres accidens. Cela fait, nous nous retirâmes à part pour aviser et conclure quels médicamens on y devoit appliquer pour appaiser la douleur et obvier aux accidens qui viennent ordinairement aux piqûres des nerfs. Je mis sur le bureau qu'on devoit mettre dans la piqûre de l'huile de térébenthine assez chaude avec un peu d'eau-de-vie rectifiée, et sur tout le bras une emplâtre de diachalciteos dissout avec du vinaigre et l'huile rosat, en continuant la susdite ligature expulsive.

Mes raisons étoient que la susdite huile et eau-de-vie ont puissance de pénétrer jusqu'au fond de la piqûre et de sécher l'humidité qui sortoit de la substance du nerf, et par leur chaleur, tant actuelle que potentielle, calmer la douleur; et ladite emplâtre de diachalcitheos a pareillement vertu de résoudre l'humeur jà courue au bras, et empêche la descente d'autres humeurs. Quant à la ligature, elle sert à roborer et restraindre les muscles, exprimer et renvoyer aux parties supérieures l'humeur jà descendue, et empêcher nouvelle fluxion, ce que lesdits médecins accordèrent et conclurent tels remèdes y être utiles et nécessaires. Par ainsi la douleur cessa, et pour davantage résoudre, étant l'humeur contenue en la partie, on usa puis après les remèdes résolutifs et dessicatifs comme de celui-ci : farine d'orge et d'orobe deux onces de chaque, fl. de camomille et de mélilot deux pincées de chaque, beurre frais une once et demie, lessive de barbier suffisamment pour un cataplasme.

Le Roi demeura trois mois et plus sans pouvoir bien fléchir et étendre le bras, néanmoins, grâces à Dieu, il fut parfaitement bien guéri, sans que l'action fut demeurée aucunement vitiée.

Voilà un exemple de ce que les chirurgiens modernes ont appelé la *contracture d'amont*. On comprend l'étonnement d'un chirurgien du seizième siècle en présence d'un phénomène aussi nouveau pour lui ; et cependant, Paré a entrevu, très incomplètement sans doute, le syndrome sensitif, qui devait être mis en évidence plus de trois siècles après lui (1). Paré incrimine positivement la blessure du nerf, et non celle du tendon, dans le cas de Charles IX (2).

Dans une autre observation du même chirurgien, il semblerait qu'il y ait eu piqûre du tendon, bien que la relation manque un peu de précision. Il s'agit de « Mademoiselle la Baillive de Courtin,

(1) Cf. *Gazette hebdomadaire des Sciences médicales de Bordeaux*, 3 octobre 1915 (Le Syndrome du grand nerf occipital, par Maurice Ducosté).

(2) Cf. *Clinique chirurgicale des plaies par armes à feu*, par A.-C. Lombard, 170-2.

qui, pour avoir été mal saignée du bras, il lui tomba en gangrène et totale mortification faute d'avoir été, remarque Paré, ainsi secourue. » Si le nerf eût été intéressé, on aurait observé, comme dans le cas précédent, de la raideur, de l'insensibilité, et même de la paralysie, mais non une mort prompte. On ne peut se prononcer faute d'une information suffisante.

Le plus souvent, des accidents de la nature de ceux que nous venons de rapporter, survenaient du fait d'un opérateur maladroit, un ignorant barbier, nullement soucieux des lois de l'anatomie. Les véritables chirurgiens, qui avaient suivi l'enseignement des maîtres, se gardaient de ces errements dangereux. Ils savaient que la *saignée du bras*, « toujours révulsive à l'égard des parties inférieures qui reçoivent le sang du tronc de l'aorte descendante, convient dans des dispositions inflammatoires de ces parties ; et, par la même raison, la *saignée du pied* (1), tou-

(1) Cette saignée n'était pas toujours sans danger, si nous en croyons le récit de la baronne du Montet (*Souvenirs*, 237) : « Le comte Jean O'Donnell me conta un soir, que s'étant fait saigner au pied, il se coucha et s'endormit. La nuit suivante, la bande se détacha, la veine se rouvrit et le sang se mit à couler à grands flots, inondant le lit et le parquet. Il dormait toujours et d'autant mieux qu'il s'affaiblissait de plus en plus ; ce sommeil devait bientôt devenir mortel; ses gémissements réveillèrent son valet de chambre : effrayé de l'état où il trouvait son maître, après avoir inutilement cherché à arrêter le sang, il courut chercher le chirurgien ; mais au moment où il ouvrait la porte de l'hôtel où demeurait ce

jours révulsive à l'égard des parties supérieures, convient toujours quand ces parties sont affectées ou menacées d'inflammation » : c'est à la saignée du pied que le célèbre Silva avait le plus souvent recours (1), c'est celle qu'il recommandait de préférence, dans les fièvres continues, dans les fièvres malignes, dans la variole.

chirurgien, il fut vivement poussé par un homme qui en sortait précipitamment : c'était le chirurgien qui avait rêvé que le comte O'Donnell se mourait et qui n'avait pu résister à son inquiétude et accourait à son secours. »

(1) On a conté à la suite de quelles circonstances Silva avait été converti à la saignée des parties basses du corps. Le jeune Louis XV était malade (en 1721) ; Dodart, médecin ordinaire du Roi, Boudin et Helvétius, son survivancier, Thevet, médecin de Madame, et Falconet le père avaient décidé de faire saigner le roi dans l'après-midi. Maréchal obéit ; la fièvre persiste. Le soir, les docteurs se réunissent de nouveau, admettant Maréchal et La Peyronie à leur délibération. Helvétius, seul de son avis, demande qu'on fasse la saignée au pied. Maréchal déclare qu'il brisera sa lancette, plutôt que de se soumettre à l'avis d'Helvétius. On parvient néanmoins à vaincre son obstination, et on le décide à pratiquer cette saignée du pied. L'opération réussit à merveille et, peu après, le roi était complètement rétabli. Silva se fit, dès ce moment, le coryphée de la saignée du pied. C'est une saignée du pied que Chirac avait proposée au Régent. Le chirurgien s'étant présenté pour l'exécuter, le prince lui dit : « Que veux-tu faire ? Va te faire f... avec les médecins, je ne le veux pas, moi ! » (*Journal manuscrit de la Régence*, 24 mars 1722.) Chirac fut obligé de le suivre pendant des huit jours, la lancette à la main, avant de se voir écouter (*Les Maîtresses du Régent*, par M. de Lescure, 201).

A l'heure actuelle, la saignée du pied n'est pas complètement abandonnée : le professeur Bacelli, de Rome, l'a préconisée en ces dernières années, comme traitement de la néphrite aiguë (V. le *Courrier médical*, 7 juillet 1907).

Tous ne partageaient pas l'opinion de Silva. Hecquet principalement, celui que Le Sage a immortalisé sous les traits du *docteur Sangrado*, prétendait que la saignée du pied, favorable au delà des Pyrénées, était nuisible aux Français, et il appuyait cette théorie par des considérations du dernier ridicule sur le tempérament des Espagnols (1).

A la vérité, l'usage de la saignée était fort répandu en Espagne, beaucoup plus que chez nous (2). « Ils se font faire la saignée hors du lit, conte un voyageur du dix-septième siècle, tant que leurs forces le leur permettent ; et lorsqu'ils en usent par précaution, ils se font tirer du sang deux jours de suite du bras droit et du bras gauche, disant qu'il faut égaliser le sang. » Mme d'Aulnoy (3) assure que, de son temps, on saignait plus souvent au pied qu'au bras.

(1) *Observations sur la saignée du pied* (Paris, 1727).

(2) Cependant, au XVIIIe siècle, il sévit en France une véritable manie de saigner. Mlle Aïssé rapporte, non sans s'indigner, que le duc d'Epernon, s'étant pris de fantaisie pour la chirurgie, s'était mis à trépaner et à saigner tous ceux qu'il rencontrait et qui voulaient bien y consentir. Il rencontra, on s'en doute, quelques résistances : c'est ainsi qu'ayant voulu saigner le mari d'une jeune femme, que le duc de Gesvres avait dotée, la nuit même de leurs noces, le pauvre misérable se refusait à se prêter à ce caprice ; il ne consentit à se laisser piquer la veine que lorsqu'il eût reçu cent écus. (V. du Bled, *La Société française du* XVIe *au* XIXe *siècle :* XVIIIe *siècle, les Médecins*, 58).

(3) *Voyage d'Espagne*, passim.

Quand les dames se faisaient tirer du sang, on leur donnait à cette occasion, un habillement com-

LA SAIGNÉE DU PIED.
(D'après une gravure de 1613.)

plet (1), « et il faut remarquer, ajoute-t-elle, qu'elles

(1) « Le marquis de Liche, ayant su que sa maîtresse venait d'être saignée et ne pouvant attendre que le tailleur lui eût

portent jusqu'à neuf ou dix jupes à la fois», de manière que ce n'est pas une médiocre dépense. C'est l'occasion de rappeler que Mme de Pompadour se fit donner, dans une circonstance analogue, 6.000 livres par Louis XV ; ce n'est qu'à ce prix qu'elle consentit à se laisser saigner (1). Mme du Barry devait y mettre moins de façons (2).

Le chirurgien avait grand soin de conserver la bandelette ou quelque mouchoir taché du sang de la belle opérée, et il en tirait un large profit.

Il y avait des amoureux assez fous pour donner la plus grande partie de leur vaisselle d'argent au chirurgien ; et ne croyez pas que ce fût seulement une cuiller, une fourchette ou un couteau ; cela allait à des 10.000 et 12.000 livres; et « c'est une coutume si fort établie parmi eux, qu'un homme aimerait mieux ne manger toute l'année que des raves et des ciboules, que de manquer à faire ce qu'il faut en ces sortes de rencontres » (3).

Nous avons dit que les Espagnols préféraient saigner au pied qu'au bras ; la raison qu'en donne

fait l'habit qu'il voulait lui donner, lui en envoya un qu'on venait d'apporter à la marquise de Liche, qui est extrêmement belle. Il dit, ordinairement, que pour être le plus heureux de tous les hommes, il ne souhaiterait qu'une maîtresse aussi aimable qu'est sa femme. » *Voyage d'Espagne*, par la comtesse d'AULNOY, 401.

(1) *Chron. Méd.*, 1901, 752.

(2) *Histoire de Madame du Barry*, par Ch. VATEL, t. III, 90.

(3) Comtesse d'AULNOY, *op. cit.*, 529 (Edition Plon).

l'auteur du piquant récit que l'on va lire est de celles qu'il faut connaître, car nous ne sachions pas qu'elle soit de notion courante.

Après avoir décrit que les étrangers ont tort de ne tant désirer voir Madrid, que parce que « tout ce qui est beau et de plus aimable est toujours caché » ; et que les rares dames qu'on peut y voir sont « si dangereuses pour la santé, qu'il faut avoir une grande curiosité avec de pareils risques », notre informatrice poursuit (1) :

Malgré cela, le seul plaisir et l'unique occupation des Espagnols, c'est d'avoir un attachement. De jeunes enfants de qualité qui ont de l'argent, commencent dès l'âge de douze à treize ans à prendre une *amancebade*, c'est-à-dire une maîtresse concubine, pour laquelle ils négligent leurs études et prennent dans la maison paternelle tout ce qu'ils peuvent attraper. Ils ne voient pas longtemps ces créatures sans se trouver en état de se repentir de leur mauvaise conduite.

Ce qui est effroyable, c'est qu'il y a peu de personnes en ce pays, soit de l'un ou l'autre sexe, et même des plus distinguées, qui soient exemptes de cette maligne influence. Les enfants apportent le mal du ventre de leur mère, ou le prennent en tétant leur nourrice. Une vierge en peut être soupçonnée, et à peine veulent-ils se faire guérir, tant ils ont de certitude de retomber dans les mêmes accidents. Mais il faut qu'ils ne soient pas si dangereux en Espagne qu'ailleurs, car ils y conservent de fort beaux cheveux et de fort belles dents.

(1) *Voyage en Espagne*, auct. cit., 400 et suiv.

On s'entretient de cette maladie chez le Roi et parmi les femmes de la première qualité, comme de la fièvre ou de la migraine, et tous prennent leur mal en patience, sans s'en débarrasser un moment. Dans le doute où l'on est que la femme la plus vertueuse ou le petit enfant n'en aient leur part, *l'on ne saigne jamais au bras, c'est toujours au pied.*

Un enfant de trois semaines sera saigné au pied, et c'est même une coutume si bien établie, que les chirurgiens, qui ne sont pas fort habiles, ne savent point saigner au bras. J'ai été incommodée; il a fallu me servir du valet de chambre de l'ambassadeur de France pour me saigner au bras.

Les phlébotomistes de notre pays avaient au moins un avantage sur ceux d'Espagne ; ils étaient aussi habiles à saigner au pied qu'au bras : tout membre leur était bon, pourvu qu'il fût matière à saigner.

C'est au dix-huitième siècle surtout que le sang va couler, on peut dire, à pleins bords.

On prétend que Chirac, médecin du Régent, s'écria un jour : « Petite vérole, tu as beau faire, je t'accoutumerai à la saignée ! » Un Allemand (1), qui voyageait en France sous la Régence, ne manque pas de mettre en garde ses compatriotes

(1) De Nemeitz, *Séjour à Paris, c'est-à-dire Instructions fidèles pour les voyageurs de condition, comment ils doivent se conduire s'ils veulent faire un bon usage de leur temps et argent durant leur séjour à Paris.*

LA SAIGNÉE.

(D'après une peinture de GIBELIN, XVIIIe siècle.)

contre cette rage sanguinaire. « Dès que quelqu'un se dit malade, note-t-il, le médecin ou le chirurgien, sans en demander davantage, ordonne une saignée (1). « Quelques années auparavant, le Sicilien Marana, visitant Paris, écrivait de son côté : « Quand j'ai voulu assurer que jamais on ne m'avait ouvert la veine, les chirurgiens de France n'ont pu me croire, sans auparavant me voir nud. »

La saignée constituait à elle seule presque toute la chirurgie de cette époque. « C'était tout un art, écrit un de nos confrères (2), que de savoir tenir la lancette avec élégance et soutenir le bras du patient avec grâce et délicatesse. Le grand point d'honneur de l'opérateur était de ne pas manquer la veine. La *saignée blanche* était comme un déshonneur. Cette attention méticuleuse à l'endroit des détails insignifiants est bien caractéristique des tendances générales de cette époque frivole, où tout visait à une préciosité qu'on croyait être de l'art ou du bon goût ».

On ne se souciait aucunement de la propreté. Les chirurgiens n'avaient que mépris pour cette vertu. « Des lancettes rouillées (3), à peine essuyées, repo-

(1) En 1759, Boyer publiait les *Abus de la saignée ;* le titre seul est caractéristique.

(2) Le Dr Hamonic, dans un curieux article sur *la saignée au dix-huitième siècle. (Revue clinique d'Andrologie et de Gynécologie*, avril 1898.)

(3) En 1784, les lancettes sont si défectueuses que la saignée en est rendue assez douloureuse. (V. le *Journal de Mme Cradock*,

saient dans des étuis somptueux », qui font aujourd'hui la joie des collectionneurs ; le Dr Hamonic en possède un en galuchat, contenant six lancettes d'une fabrication merveilleuse. « Lames d'acier résistant et souple, d'une minceur extraordinaire : articulations d'argent ; valves de corne plus transparentes que l'écaille ; forme générale des plus élégantes, tout est fait pour séduire et donner une sensation artistique » (1).

Que dire des plats à saigner ? Il en existe de toute forme et de toute matière. En voici un, en faïence espagnole, que le confrère érudit dont nous venons de citer le nom, a acquis dans une vente, il y a quelques années, et dont il a bien voulu nous communiquer le cliché, en y joignant une description très suffisamment explicite (2).

à la date du 22 septembre 1784 ; cité par Alf. Franklin, *Variétés Chirurgicales.*)

(1) Le cliché que nous reproduisons, et qui nous a été obligeamment communiqué par le Dr Hamonic, permet de se rendre compte de la multiplicité de formes des lancettes en usage : lames à grain d'orge, à grain d'avoine, en langue de serpent ; en or, en argent, en acier ; avec manches de corne, d'écaille, de nacre. En bas et à droite du cliché, un lancettier en peau de serpent, du XVIIe siècle ; les autres étuis, en galuchat ou en argent, sont du XVIIIe. Le lancettier plat n'apparaîtra que vers la fin du Premier Empire. Les lancettes automatiques, à déclanchement, n'ont paru sur le marché que beaucoup plus tard ; elles ont joui d'une certaine vogue.

(2) « Le marli est bordé d'une guirlande de fleurs et de fruits polychromes, et le fond est décoré d'une marine très finement dessinée, au-dessus de laquelle se déroule, soutenue

LANCETTES DES XVIIe ET XVIIIe SIÈCLES.
(Collection du Dr HAMONIC.)

Le Dr Hamonic possède, en outre, dans son musée, un groupe charmant, en porcelaine ancienne de Naples, représentant l'opération de la saignée, dans ses moindres détails. Il fallait que la saignée fût bien à la mode, pour avoir tenté l'imagination d'un céramiste. Le sujet est admirablement et très gracieusement rendu (V. p. 81).

Une jeune femme à demi nue est étendue sur un large fauteuil Louis XVI, son bras gauche supporté par un *Amour chirurgien*, qui le maintient dans une des positions exigées par le manuel opératoire. L'Amour tient de sa main droite la lancette avec laquelle il va piquer la veine médiane céphalique, qu'il immobilise avec le pouce de la main gauche. La bande classique est nouée autour du bras de la patiente à une certaine distance de l'articulation. La jeune femme roule dans sa main gauche le lancettier, suivant l'usage, afin de favoriser l'écoulement du sang. Un petit *Amour infirmier* tient le plat à saigner. Du côté opposé, un grand bassin contenant l'eau froide et la serviette, destinées à rappeler le malade à la vie en cas de syncope, et un chien, complément obligé d'une scène de cette époque, terminent le groupe.

« Tout ce que nous savons sur les effets de la saignée, écrivait un auteur à la fin du dix-huitième siècle (1), c'est qu'elle diminue la masse générale

par un oiseau et un mascaron, une banderole où est inscrit le nom du propriétaire : *Soy del don Josef Palos* : J'appartiens à don Joseph Palos. » V. la reproduction p. 77.

(1) Boyer de Preybandier, *loc. cit.*

du sang. ». On ne pouvait dire en termes plus clairs que la saignée était le plus souvent une médication intempestive.

Déjà, à cette époque, des esprits pondérés, comme Louis, le savant secrétaire de l'Académie de chirurgie, se montrent partisans très prudents de la saignée, en notant avec soin les indications et contre-indications ; celui-ci a même le courage d'ajouter qu'on ne doit avoir égard « ni aux phases de la lune ni au cours du soleil. »

Mais bientôt allait venir le Réformateur, le grand Saigneur Broussais, qui rendra pour longtemps aux émissions sanguines la faveur qu'elles avaient un instant perdue.

Broussais, obsédé de l'idée d'irritation, ne voit qu'un moyen de calmer celle-ci, c'est de faire des saignées (1), mais des saignées locales ; et il revient à l'usage des sangsues. Dans telles maladies, comme la gastro-entérite, il applique 40, 80, 100, jusqu'à 200 sangsues. Il n'est point jusqu'au dia-

(1) Broussais s'attira parfois des épigrammes, dans le genre de celle-ci :

A M. Broussais qui saigne un peu trop un de mes amis.

Assez, docteur, d'ouvrir la veine.
Tout est bien pour le temps que nous devons aller,
Et Dieu dans la machine humaine
N'a pas mis plus de sang qu'il ne doit en couler.
(19 juin 1826.)

(Ch. Maurice, *Hist. anecd. du Théâtre et de la Littérature*, t. I, 373).

PLAT A SAIGNÉE.
(Collection du Dr HAMONIC.)

bête, jusqu'à la rage déclarée (1), dans lesquels Broussais ne trouve un motif d'intervenir par les sangsues ou la lancette — car celle-ci n'est pas complètement délaissée : on a noté que, dans les hôpitaux de Paris et de la province, il s'était consommé, dans une année, pour environ 700.000 francs de sangsues !

Suivant le professeur Fée (*Souvenirs de la guerre d'Espagne*), en 1834 on estimait approximativement, en France, à 80 millions de sangsues le chiffre de la consommation de ces annélides. « Broussais, dit cet ami du célèbre sectateur de la saignée, était inexorable dans l'application de sa méthode ; les sangsues succédaient aux sangsues, les débilitants aux débilitants, et quand la maladie était vaincue, malgré le traitement et par les ressources supérieures de la nature, la langueur persistait et constituait une véritable maladie ; les convalescences étaient d'une longueur désespérante. »

Le général Mongardet, qui, au dire de quelqu'un qui semble l'avoir approché (2), était un homme d'esprit et un fin gourmet, évita une mort certaine, en trompant Broussais : « Convalescent, il réclamait en vain avec énergie un peu d'alimentation ; Broussais avait mis, à côté du patient, une garde-malade pour le surveiller ; le général, furieux, l'ayant éloignée,

(1) Delattre, *op. cit.*, 102.
(2) Dr Foissac, *L'art de prolonger la vie*, 455.

cherchait de tous côtés des aliments, et, n'en trouvant pas, il avala spontanément la pâtée d'un chat qui était près de sa porte. Il croyait périr d'indigestion, il s'endormit paisiblement ; à dater de ce moment, il sut tromper Broussais, mangea à sa guise et se rétablit. »

Le doctrinaire était loin, paraît-il, de se conformer, dans l'habitude de la vie, aux préceptes qu'il savait imposer aux autres : il disait plaisamment qu'il fallait suivre sa doctrine au lit du malade et celle de Brown à table : on sait que Brown prescrivait surtout les stimulants.

Au temps de Broussais, on saignait pour les névroses, pour la chloro-anémie, pour l'apoplexie. Cela ne réussissait pas toujours dans ce dernier cas : le fameux avocat Paillet qui, avec Lachaud, fut le défenseur de Mme Lafarge, frappé d'apoplexie au cours d'une plaidoirie, succomba le jour même, en dépit de deux saignées consécutives.

On a pareillement préconisé la saignée pour les crachements de sang. Le temps n'est pas éloigné où les praticiens conseillaient de saigner jusqu'au blanc dans l'hémoptysie. On n'a pas attendu notre époque pour constater les inconvénients de cette pratique.

L'illustre Grétry, qui était sujet aux crachements de sang, a laissé d'excellents conseils à cet égard :

Ne vous faites jamais saigner pendant l'hémorrhagie,

L'AMOUR CHIRURGIEN PRATIQUANT LA SAIGNÉE.

(Groupe en porcelaine de Naples, de la collection du Dr HAMONIC.)

sans la plus grande nécessité, dit ce compositeur fameux (*Leçons sur la musique*); j'ai craché jusqu'à 6 et 8 palettes de sang, dans différents accès qui revenaient périodiquement deux fois par jour et deux fois par nuit. Tout se calmait à la fin, en buvant un peu d'orgeat dans l'eau de graine de lin... Après le dernier accès, je restai deux fois 24 heures couché sur le dos sans parler et sans remuer. La saignée, en affaiblissant les vaisseaux, ajoute-t-il très judicieusement, prépare à de nouvelles hémorrhagies.

Grâce à cette conduite prudente, malgré le chagrin d'avoir perdu ses trois filles de la maladie qu'il leur avait transmise, et quoique phtisique avéré, Grétry parvint à l'âge de 73 ans; par contre, le ministre italien Cavour succombait, le 18 novembre 1861, âgé de 69 ans, victime du *broussaisisme* (1) : on lui fit, dans sa dernière maladie, pas moins de sept saignées, sans préjudice de nombreuses applications de sangsues (2).

Bouillaud, Dubois (d'Amiens), Saucerotte, ont été les derniers champions de la saignée, à titre de traitement systématique. Beau et Trousseau furent des premiers à entrer dans la voie d'une réaction

(1) *Chronique médicale*, 15 oct. 1910, 681-2.

(2) Le roi Victor-Emmanuel était, lui aussi, un partisan de la saignée. Il se faisait souvent saigner debout, avant de partir pour la chasse. Les médecins piémontais abusaient de la saignée, c'était la mode ; d'où le nom de *saignée à la Sarde* (*Lettres inédites de Marie-Antoinette et de Marie-Clotilde de France*, note 1 de la p. 268).

salutaire. « Si les médecins connaissaient la marche habituelle des maladies, écrivait Trousseau, ils saigneraient moins souvent qu'ils ne le font, et ils ne renouvelleraient pas la phlébotomie, alors qu'ils ont cru devoir la pratiquer une première fois. »

« Ce n'est pas impunément, concluait à son tour Bricheteau, à la fin d'une étude sur les effets physiologiques et les indications thérapeutiques de la saignée (1), ce n'est pas impunément qu'on peut retirer une certaine quantité de sang à un homme sain et à plus forte raison à un malade... La moindre soustraction de sang peut produire, dans certaines conditions, des effets nuisibles... L'influence de la saignée n'est que passagère, elle n'est pas durable. »

C'était le glas d'un régime à l'agonie; l'abus avait été criant; la proscription fut trop absolue.

Sans demander un retour aux excès d'antan, il nous sera permis de déplorer qu'on ait renoncé, au moins dans certaines maladies, à un remède qui avait fait ses preuves. Sans doute, l'avènement des doctrines microbiennes ne saurait contribuer à relever le prestige de la phlébotomie, mais le retour au bon sens pourrait bien, quelque jour, faire déserter le laboratoire pour l'hôpital; ce jour-là, nous serions

(1) *Bulletin gén. de thérap.*, 1868.

bien surpris si la méthode des émissions sanguines ne se relevait pas du discrédit sous lequel on a prétendu à jamais l'accabler (1).

(1) On y revient déjà, du reste, dans des cas d'éclampsie, d'œdème pulmonaire, de pneumonie, etc. Pour la technique, elle est exposée dans les manuels de petite chirurgie pratique, tel que celui de Tuffier et P. Desfosses, dont la première édition (1903) contient de curieuses reproductions d'anciennes gravures relatives à la saignée.

CHAPITRE DEUXIÈME

LA NAISSANCE DE L'ENFANT. — LE RÉGIME DU NOUVEAU-NÉ, AU MOYEN AGE ET A LA RENAISSANCE

Dans une de ces harangues que le maître Landouzy se plaisait à prononcer devant une assemblée de savants (1), le regretté doyen émettait cet aphorisme, que les médecins de la génération nouvelle doivent, avant tout, être « des empêcheurs de maladies, plutôt que des guérisseurs de malades ». On ne s'exprimait pas d'une autre façon, bien qu'en un langage moins disert, il y a six cents ans : « Le cors en santé garder et les maladies eskiver », recommandait déjà Aldebrandin de Sienne, natif de Toscane, mais Champenois d'adoption, qui mourut dans la capitale de la Champagne,

(1) *L'Évolution de la Médecine et son rôle social au temps présent*, par L. Landouzy. (Association française pour l'avancement des sciences ; Lille, août 1909 : *Revue Scientifique*, 7 août 1909.)

après avoir été archiâtre du bon roi Louis, neuvième du nom. Pour qui veut connaître l'état de l'hygiène à cette époque de pré-Renaissance qu'est le XIIIe siècle, il n'est source meilleure que le traité d'Aldebrandin (1).

« Garder le corps en santé », c'est la devise, mais c'est aussi la morale de l'auteur du *premier livre de médecine écrit en français*. Celui-ci ne nous renseigne pas seulement sur les moyens destinés à maintenir l'équilibre physiologique, ce que nous appellerions l'hygiène générale ; nous y voyons, en outre, indiqués les soins à donner à chacun de nos organes en particulier. Il y est énuméré les différentes qualités et propriétés des aliments, des œufs, des laitages, des légumes et des fruits ; l'accommodement et l'assaisonnement qui leur conviennent décèlent maintes habitudes culinaires du temps où fut composé ce compendium de diététique.

Notre ancêtre connaissait le parti qu'on pouvait tirer de l'hydrothérapie ; et il ne manque pas de nous signaler les bienfaits de médications préservatrices ou curatives, aujourd'hui peu ou prou délaissées, mais qui jouissaient alors d'une grande

(1) *Le régime du corps* de maître Aldebrandin de Sienne, texte français du XIIIe siècle, publié par les Drs L. LANDOUZY et R. PÉPIN ; chez Champion, Paris, 5, quai Malaquais.

JÉSUS AU MAILLOT.
(Bas-relief de l'ancien jubé, du XIIIe siècle,
de la Cathédrale N.-D. de Chartres : *Musée de Sculpture comparée.*)

vogue : telles que la saignée, la purgation, les ventouses et les sangsues. L'hygiène, pour tout dire, est envisagée, dans cet antique traité, sous ses multiples aspects : l'hygiène vestimentaire, comme l'hygiène saisonnière ; l'hygiène du vieillard, comme celle de l'enfant.

Ainsi que l'a fait observer Landouzy (1), dans l'étude consacrée à l'ouvrage qu'il a eu l'heureuse inspiration d'exhumer, le régime particulier de la femme enceinte, les soins que réclament les nouveau-nés, leur allaitement et le choix de la nourrice, la *puériculture*, comme on dirait à l'heure actuelle, sont, de la part d'Aldebrandin, l'objet d'un développement détaillé et de minutieuses descriptions.

Dans la pratique, on se guidait, à véritablement parler, plutôt d'après des superstitions : les dires des commères étaient plus en faveur que les prescriptions plus ou moins scientifiques.

Veut-on connaître les usages courants, c'est dans l'*Evangile des Quenouilles* qu'il les faut puiser. « On y trouve de tout, écrit un érudit archéologue (2), même des procédés pour avoir un fils ; les signes qui décèlent le sexe de l'enfant à venir (on

(1) *Pourquoi j'ai édité le Régime du corps*, par le professeur Landouzy (*Æsculape*, juillet 1911, 145).

(2) A. Gascard, *La Naissance au moyen âge* (Paris, Ern. Leroux, 1916).

tient que les femmes grosses d'un fils maigrissent sur la fin de la grossesse) ; et surtout, les précautions, alimentaires et autres, dont l'oubli entraînerait pour l'innocent les plus fâcheuses conséquences. »

Que la femme enceinte se garde de manger de la tête de lièvre, sans quoi l'enfant naîtra les lèvres fendues (bec-de-lièvre) ; pas davantage de la tête de poisson : il viendrait au monde « avec la bouche plus relevée et plus aiguë qu'à l'ordinaire » ; et, pour bien marquer l'influence de l'imagination de la parturiente sur le produit de la conception, on ne manque pas de faire observer qu'à lui refuser ce dont elle aura le désir, on s'expose à voir l'enfant en porter l'empreinte sur quelque partie de son corps.

Aussi, que de soins empressés, de la part de l'infortuné mari, toujours assailli de tribulations ! « Il court et trote partout pour trouver à la dame ce qui lui plaist, et s'il chiet à la dame une espille (épingle), il l'amassera, car elle se pourroit affoler ou blecer; et encore sera-ce aventure s'il lui apporte viande qui lui plaise, combien qu'il ait mis grant paine à la trouver et avoir... (1). La dame ne fait rien que mignoter et soy plaindre, et le pouvre homme porte toute la charge de la maison, de coucher tart et le-

(1) *Quinze joyes du mariage*, éd. P. Jannet (1857), 21-2.

C'EST UN FILS !
(D'après la gravure de MOREAU LE JEUNE, *XVIIIe siècle.*)

ver matin, et penser de son mesnage, selon l'estat dont il est ».

Femme grosse a loy de tout dire, on doit fournir à tous ses appétits ; et il est tel règlement de police, édicté au début du quinzième siècle, qui l'autorise à « prendre pour son état du fruit plein ses mains ou le manger là-même » (1).

Mais il s'agit d'avoir une délivrance heureuse ; combien meurent en couches, qui auraient peut-être échappé à cette issue funeste, si elles avaient pris les précautions d'usage, c'est-à-dire si elles avaient invoqué les saints et les saintes réputés pour procurer un accouchement favorable. Certes, toutes n'ont pas le moyen de se faire apporter à domicile la ceinture de sainte Marguerite, ou de se rendre en pèlerinage aux sanctuaires réputés : aussi la plupart se contentent-elles d'appliquer sur leur poitrine ou de se faire lire le récit de la vie de la sainte, et la foi aidant, le résultat est pareil. D'autres s'entourent le ventre d'une peau de serpent ou lient à leur cuisse gauche une pierre d'aigle : avec de telles amulettes, que craindre de fâcheux ?

Les soucis commençaient avec la venue au monde du petit être ; on peut même dire que les

(1) *Bulletin du Comité de la langue, de l'histoire et des arts*, t. III (1855-56), 40.

inquiétudes ne quittaient pas la mère durant la grossesse.

On connaît la délicieuse vignette de Moreau le jeune, représentant la jeune femme un peu pâlie, assise entre sa mère et le médecin de la famille :

— Docteur, serait-ce cela ?

Un hochement significatif accompagne la réponse :

— C'est bien cela, madame !

— Tu entends, ma fille, dit l'époux plein d'attentions ; soyons raisonnables maintenant.

Dès lors commence, pour la mère, le luxe de précautions que commande son état. N'en serait-elle pas sûre, d'ailleurs, que les idées fantasques qui passent par la cervelle de la jeune femme, dissiperaient tout doute.

Une fois veult piez de mouton;
Or veult manger cendre ou charbon;
Or veult fromaige, or veult letue;
Or veult que son mari li tue
Un pourcel pour manger la rate;
Or veult de l'oison une pate,
Or veult vinaigre; or veult du lait;
Or convient autrefois qu'elle ait
De la purée de chardons....
. . . .

Les mets les plus étranges, voire les plus exquis sa fantaisie les exige, et sans retard :

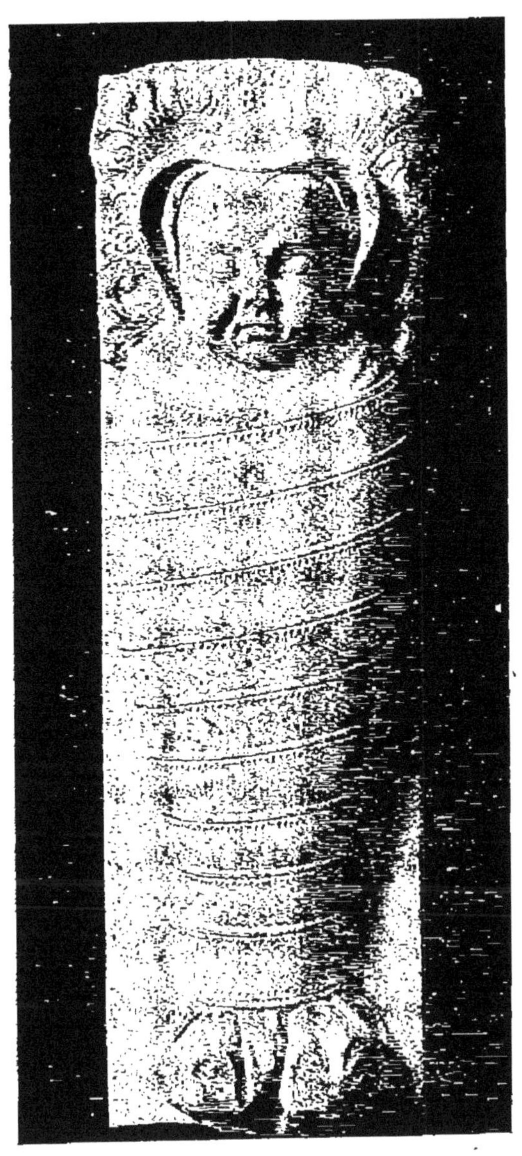

ENFANT AU MAILLOT.
(*Ecole italienne*, XVᵉ siècle.)

Or lui fault d'un pasté de lart,
Or lui fault avoir d'une pomme;
. . . .
Du fenouil vert et du serfeuil,
Du cresson veult, et des prunelles,
Des cerises, boutons et cenelles,
Des eufs en paste, et des eufs frits
De mésange, des cochevis,
Des arondes et des lignettes,
Chardonneriaux et alouettes,
Tarins, pinçons et estourneaulx;
Or veult des pastés de chevreaulx,
De cerf, de biche et de sangler;
Or veult tout le monde aveugler;
Or veult lièvres, or veult conins ;
Or lui refault de plusieurs vins :
Vin de Saint-Jehan et vin d'Espaigne,
Vin de Ryn, et vin d'Alemaigne,
Vin d'Auxerre et vin de Bourgongne,
Vin de Beaune et vin de Gascongne
Vin de Chabloix (Chablis), vin de Givry,
Vin de Vertus, vin d'Irancy,
Vin d'Orliens et Saint-Pourçain (1).

Le mari est dans les transes, mais il se garde de contrarier sa « dame » : il a vu trop d'enfants ve-

(1) Toute la pièce d'Eustache Deschamps, dont nous ne citons qu'un fragment, serait à reproduire ; c'est un véritable traité de gastronomie au xve siècle, qu'a composé l'auteur du *Miroir de Mariage*. Comme l'a dit son commentateur, le poète donne, sans s'en douter, des lettres de noblesse à maints crus dont personne avant lui n'avait parlé.

nus au monde avec des bêtes plus ou moins monstrueuses sur le corps, des poissons ou des hures de sanglier désirés par la mère, à qui on les a cruellement refusés.

Mais il n'est pas au terme de ses appréhensions. La grossesse s'est poursuivie sans trop de heurts, comment l'accouchement va-t-il se passer ? Pourvu qu'il ne soit pas trop laborieux, que quelque mauvaise position ne vienne le compliquer! Si la malchance ne s'en mêle, on peut espérer une naissance sans accroc.

Enfin, le grand jour est arrivé. Dans la salle, où brûle un feu ardent et clair, un cri a retenti : un petit animal humain, grimaçant, vient de faire son entrée dans cette vallée de larmes. Voici le poupon dans les bras de la matrone. Garçon ou fille ? C'est l'inévitable question.

Si c'est un garçon, l'allégresse est générale, le père ne se tient pas d'aise, la maman sourit de la joie qui éclate autour d'elle : fille ou garçon, elle aura la même affection pour l'être pétri de sa chair.

Pendant qu'il passe de mains en mains, de la sage-femme au papa, du papa à la matrone, une chambrière prépare la cuve pour le premier bain ; tandis qu'une autre chauffe, devant l'âtre, les langes dont on emmaillotera le nouveau-né.

« La médecine recommandait le bain aux femmes

Car sur noz piedz ne nous tenons
Et nul lieu nallons ne venons
Et ne vsons de vertu humaine
Jusqua long temps et a grant paine

Du cry de lenfant haultement
Et des douleurs denfantement

Pour la misere de na-
ture
Demõstrer toute crea
ture
Humaīe crie a sa nais-
sance
Cest de douleur vraye congnoissance

LA NAISSANCE DE L'ENFANT AU XVe SIÈCLE.
(D'après une miniature de manuscrit.)

enceintes, non seulement pendant la grossesse, mais après l'accouchement » (1). Les miniatures, les gravures sur bois sont là pour nous confirmer ce détail de saine hygiène.

La cuve à baigner est au milieu de la chambre de gésine, ou près du foyer ; l'accouchée se baigne nue, les autres femmes se réunissent autour d'elle, et ce n'est pas toujours sans péril pour la morale. « Dieu sait, s'écrie un sermonnaire, en vitupérant ces mœurs dissolues, quels attouchements, quelles paroles déshonnêtes ! » Combien se serait-il indigné, en termes plus véhéments encore, s'il avait su qu'en plus des voisines, il y eut parfois des voisins, voire de bons et gros moines, des religieux cordeliers dont la place n'était guère en ces lieux.

Sans doute leur était-il fait de sages recommandations, afin de se dérober à la tentation du Malin :

Se allés ches accouchées,
Ne vous approchés près des baings,
Ains (2), dès que verrès ces trenchées
De fleurs, roumarins, aubefoings,

Serrés, tant que pourrés, les poings
Et pencès lors à Paradis,
En disant bas, à jointes mains,
Pour le mors, ung de Profundis.

(1) Siméon Luce, *Histoire de Bertrand Du Guesclin* (Paris, 1876), 68.
(2) Mais.

Fig. 50. Die Geburt der Jungfrau.

Holzschnitt aus dem »Marienleben« von Albrecht Dürer (1471 bis 1528), Nurnberg.

LA NAISSANCE DE LA VIERGE.

(D'après ALBERT DURER.)

Et si, par force ou par contrainte,
Pour baigner vous font despouiller,
La corde contre la chair ceinte,
Ayès toujours sans deslier;

Ne m'allès point lors l'eau brouiller,
Fleurer les bouquets des poupines
Saillir, taster, ne chastouiller
Ne baiser entre les courtines (1).

Passe pour les dames qui demandaient à partager le bain de l'accouchée ; elles pouvaient au moins invoquer ce prétexte qu'en se baignant dans la même eau que cette dernière, elles avaient quelque chance de voir cesser leur stérilité (2).

Ce n'est pas seulement pour la « gisante » que le « grant coquemar à tenir l'eau chaude lez feu » et « une grant chadière à chaufer les bains » s'étalent dans la pièce, il y a aussi un bassin de moindres dimensions pour y plonger le nouveau-né. Mais auparavant, il y a le pansement du cordon, qu'on vient de sectionner et auquel il faut, sans tarder, procéder.

Sachez, édicte Aldebrandin que « si tost ke li enfas est nès, il le convient enveloper en roses broié, mellées en sel delié, et li doit on faire tranchier le boutin au bouc de IIIj jous et metre par deseure (par-

(1) *L'Amant rendu cordelier à l'observance d'Amour*, par A. de MONTAIGLON (1881), CCXXI-CCXXII.
(2) *Serées*, de BOUCHET, t. IV, 43.

dessus) pourre de sanc de dragon (poudre de sang-dragon) et de sarcacol (?) et de coumin (cumin), de mirre, et 1 drapel (étoffe, chiffon) de lin mouillié en oile d'olive... ». Cette pratique, qui consistait à envelopper l'enfant dans des roses broyées avec du sel, n'avait pas encore disparu trois siècles plus tard : Ambroise Paré recommandait de laver le nouveau-né avec une décoction de roses rouges, à laquelle on ajoutait des feuilles de myrtil et du sel, « pour les membres conforter et pour oster l'humeur glueuse qui est en eulx », est-il expliqué dans un recueil antérieur (1). Après quoi il était prescrit d'enduire le palais et les gencives avec du miel, puis de baigner le nouveau-né.

Au sortir du bain, on l'oignait par tout le corps d'huile rosat ; puis on frottait tous ses membres, particulièrement chez les mâles, « de qui les membres doivent être plus durs que ceux des femelles, pour le labeur ». Paré conseillait, par surcroît, de « manier les doigts les uns après les autres, d'estendre et fléchir les jointures des bras et des jambes, voire par plusieurs et divers jours, afin de chasser quelque humeur superflue, qui pourroit estre en les joinctures. »

A la nourrice incombait de mettre son petit doigt

(1) *Le Grand Propriétaire de toutes choses*, translaté de latin en françois, par maistre Jean Corbichon, édit. de 1556, liv. VI, ch. IV, 50 v°.

« dedans le fondement... por mieux (pour mieux) les superfluités espurgier » : afin de hâter, voulait-on dire, l'expulsion du méconium, de veiller ensuite à n'avoir pas ses ongles rongés, afin « qu'elle ne puist (puisse) l'enfant grever (blesser) ». Autre précaution non moins justifiée : le nouveau-né devait être placé en un lieu obscur, afin de dormir et garder sa vue bonne, car une trop grande lumière « blèce les yeulx qui sont trop tendres, et les fait devenir borgnes ».

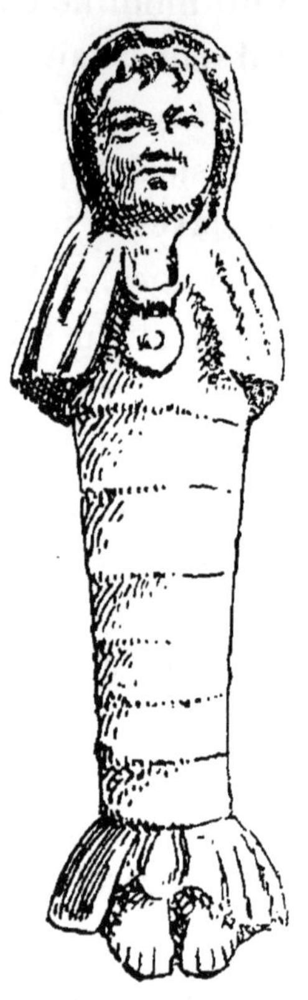

ENFANT ROMAIN TOUT EMMAILLOTÉ PORTANT LA BULLA.
(Statuette trouvée à Viterbe, ITALIE.
(*Musée de Bruxelles.*)

Une recommandation qui, celle-là, n'était que trop suivie : sous prétexte que les membres de l'enfant pouvaient se tordre ou prendre une position vicieuse, on les entourait de liens, qui les immobilisaient complètement : à la lettre, on les garrottait.

Dès leur naissance, les enfants étaient emmaillotés dans des langes blancs, et serrés par des bandes d'étoffe disposées en croix, qui paralysaient tout mouvement (1).

(1) Au XVIIIe siècle, un Père Jésuite composa tout un traité

COMMENT ON EMMAILLOTAIT LES ENFANTS AU XVIIe SIÈCLE.
(D'après une estampe d'ABRAHAM BOSSE.)

D'autres fois, on les enveloppait dans un *drapel*, qui leur serrait les bras au corps et parfois servait à leur encapuchonner la tête.

Dans les familles riches, au lieu de bandelettes de toile, on enroulait autour de l'enfant des rubans ornées de pierreries (1). A défaut de la mère, la nourrice était chargée de mettre le maillot à son nourrisson.

Ce fut, de tout temps, un travail que d'emmailloter un enfant : aussi la position de la nourrice est-elle soigneusement réglée (2). Elle doit s'asseoir à plat, par terre, « les jambes étendues et jointes l'une contre l'autre »; puis elle posera, le long de ses jambes, un oreiller allongé : cet oreiller constituera le lit de torture du nouveau-né. Quelque incommode que puisse nous paraître cette situation, nos pères la trouvaient, apparemment, préférable à celle qui consiste à placer l'enfant sur ses genoux. Les Français du moyen âge vêtaient leurs enfants à la romaine, mais ils avaient encore aggravé une coutume funeste et barbare dès le principe.

sur les inconvénients du maillot, qu'il fit suivre d'un second, pour en démontrer les avantages (G.-B. ROBERTI, *Raccolta di varia Operette* ; Bologne, 1767, vol. 1).

(1) *La Famille d'autrefois*, par Henri BOUCHOT (Paris, 1887), 163 et passim.

(2) Ms italien 112, f° 21 (*Bibl. Nat.*) ; Triptyque de l'Ecole de Sienne ; Présentation de saint Jean, de GHIRLANDAJO, etc.

L'emmaillotement était pratiqué dès la plus haute antiquité : le livre de Job signale l'existence du maillot. Les Grecs emmaillotaient leurs enfants, mais les nouveau-nés étaient libres relativement dans leurs langes, qui ne devaient serrer que les membres inférieurs. Des bandes de linge servaient à entourer le corps de l'enfant, en lui laissant une certaine liberté.

Les nourrices spartiates ne devaient entourer les nourrissons d'aucun lien ; il en fut de même chez les Ethiopiens et les anciens Egyptiens ; plus tard, on abandonnera cette tradition et on ligotera les petits êtres, « soit dans le but de maintenir les enfants dans une position régulière, d'empêcher les vices de conformation..., soit peut-être dans le but de les immobiliser et de pouvoir ainsi, en toute sécurité, les laisser seuls, pendant que les mères et les esclaves vaquent à d'autres occupations » (1).

Soranus d'Ephèse, dans son *Traité des maladies des femmes*, qui date du premier siècle de notre ère, a indiqué en termes dépourvus d'ambiguïté comment on procédait à l'enveloppement de l'enfant :

Celui-ci, dit-il, sera placé sur les genoux de la sage-femme et, avec des bandes de laine, on lui enveloppera chaque membre successivement, en commençant par les

(1) Le vêtement de l'enfant en bas âge, son histoire, son hygiène, par le Dr Gust. Spira (*Bébé*, 15 janvier 1905).

LA JEUNE MÈRE.

(D'après une peinture de GÉRARD DOW.)

extrémités; les bras seront appliqués le long du corps, maintenus par des bandes. Les membres inférieurs ayant été enveloppés séparément, les deux pieds seront appliqués l'un sur l'autre. Enfin, de larges bandes entoureront l'enfant de la poitrine aux pieds.

Dans ce réseau de bandages entrecroisés, l'enfant ressemblait assez à la chrysalide d'un papillon : il nous apparaît ainsi dans de vieilles Bibles historiées (1), dans les tableaux des Primitifs, dans les haut-reliefs, bien connus, de Luca della Robbia.

Certaines sages-femmes enveloppaient le nouveau-né, aussitôt après l'accouchement, dans une peau de mouton récemment écorché, ou le frictionnaient avec de la farine et une couenne de lard. La plupart mettaient, dès la naissance, l'enfant dans un grand bain, auquel on ajoutait des roses, du laurier ou du vin. Ce bain devait être tiède et on le continuait, chaque jour, durant quelques semaines.

Barberino conseille les bains tièdes donnés dans la chambre même de l'enfant ; mais qu'on se garde, dit-il, d'y mettre des herbes, du vin, de l'eau de rose, de la lessive ou du soufre ! Ce n'est que le bain donné, qu'on corrigera la direction vicieuse des membres. Sur ce point encore, l'auteur italien prodigue ses conseils : si l'enfant a les doigts trop courts, on les allongera en les lui étirant chaque

(1) BIBL. NAT., *Ms fr.*, n° 166, fol. 89, col. 1, pièce 3 ; ID., *ibid.*, n° 145, f° 36 v°.

INTÉRIEUR DE FERME.
(D'après un dessin de VAN OSTADE.)

matin, doucement et régulièrement ; s'il a les yeux louches, on disposera le lit de telle façon, que la lumière les redresse : s'il a le nez de travers, on le couchera d'un certain côté.

Qu'on évite de mettre les enfants trop près du feu, ils y pourraient tomber : qu'on leur coupe les ongles de près, de peur qu'ils ne se griffent ; qu'on ne les fasse ni rire ni pleurer trop fort.

Ils dormiront la bouche fermée, « pour que les grillons n'entrent pas dedans ; ils fermeront les yeux, pour que les corbeaux ne les crèvent pas, comme cela s'est vu ! » On doit les habituer à se servir de leurs deux mains, indifféremment.

Le façonnage de la tête appelle une attention spéciale. La tête est-elle « longue, poinctue au derrière », on mettra dessous quelque chose de dur et on liera le front avec un linge, « pour presser et étreindre la tête, car celle-ci doit être comme une sphère de cire ».

Comme la remarque en a été judicieusement faite (1), on chargeait d'autant plus la tête de l'enfant, que l'on couvrait son corps davantage. La coiffure faisait, d'ailleurs, le plus souvent partie du maillot et la bandelette allait chercher la tête, pour la maintenir rigide et immobile, comme le reste du corps.

(1) Dr Spina, *op. cit.*

Au moyen âge, outre que l'on rasait la tête de l'enfant, on l'enfermait dans le quatrième lange, « dont un des bords allait former une espèce de petit capuchon ». Les extrémités latérales du capuchon, pendantes, se reployaient intérieurement. Au XVIIIe siècle, on faisait encore usage d'une triple coiffure.

Si l'on veut être amplement renseigné sur cette coutume antiphysiologique, il n'est que de lire ce qu'écrivait un médecin d'enfants vers 1740 :

A peine l'enfant est-il né qu'on s'empresse de le vêtir. Sa tête est chargée d'un béguin, d'une calotte de laine et d'une cornette. Une bande — j'aurais presque dit un licol — passe sous son menton, retient les extrémités de cette triple coiffure et force les oreilles à s'aplatir contre la tête. Des linges appliqués sur les oreilles achèvent de gêner leur développement naturel et leur ôtent presque toute communication avec l'air extérieur; d'autres linges sont distribués sous les aisselles, sur les aînes et servent à absorber la transpiration excessive que des vêtements trop chauds ont provoquée.

Le corps est revêtu d'une chemise en toile, ouverte par derrière et qui descend jusqu'au nombril. Une camisole de mêmes forme et longueur couvre cette chemise. L'enfant, ainsi disposé, est étendu dans un linge qui lui enveloppe les deux épaules, vient se croiser par devant et est attaché, par une forte épingle, sur la poitrine. Les bras sont allongés des deux côtés de son corps; on presse ses genoux et ses jambes s'étendent ; on saisit cet instant pour l'enfermer entièrement dans le lange et avec lui les excréments qu'il peut rendre. Un autre lange, d'une laine moelleuse, sert d'enveloppe à ce premier et s'arrange de même. Pour donner plus de consistance au tout, on lie l'enfant et ses langes avec des bandes de toile, qu'on a soin de bien presser et de bien serrer : c'est là ce qu'on appelle emmailloter ! Pour faire ce beau chef-d'œuvre, la nourrice ou la garde s'asseoit ordinairement par terre et l'enfant est étendu sur un oreiller. On serait tenté de croire, en la voyant envelopper, attacher, empaqueter l'enfant, qu'elle forme un ballot pour un autre hémisphère... Lorsque les bandes ont été serrées, on revient à la tête, on la fixe au moyen d'une petite bande de toile attachée des deux côtés sur les langes... Sans distinguer si l'on est dans le mois d'août ou de décembre, on le roule dans un troisième lange ou petite couverture de laine, qui, passant par-dessus sa tête, tient cette partie raide et assujettie. Viennent enfin les langes de parade, les langes de drap d'or ou de soie, les mousselines, les dentelles... (1)

C'est tout au plus si on voyait le nez et la bouche de l'innocente victime (2) !

(1) Alph. Le Roy, *op. cit.*

(2) Actuellement, le maillot a disparu, du moins à peu près complètement. Il est, cependant, des pays où l'ancienne coutume s'est maintenue, notamment en Turquie d'Asie et en Italie (*Nouvelle Iconographie de la Salpêtrière*, nov.-déc. 1903, 405 et suiv.), et chez quelques-unes de nos populations rurales. Dans le Jura et le Doubs, l'enfant habillé est placé dans un carré d'étoffe, lacé en arrière de haut en bas. Dans d'autres régions (Isère, Bouches-du-Rhône), les quatre membres sont pris dans le maillot ; mais, le plus souvent, les membres inférieurs sont libres. Dans certains départements, comme le Rhône, les enfants conservent le maillot primitif jusqu'à dix mois ou un an.

Il est cependant des médecins pour prôner l'emmaillotage. Une des gloires de la Faculté au XVIIe siècle, le Dr Mauriceau, l'accoucheur célèbre, dont l'enseigne *Au bon médecin* bat au vent, comme telles enseignes de sages-femmes d'autrefois, Mauriceau n'hésite pas à déclarer que « cet emmaillotement est nécessaire pour donner à ce petit corps l'attitude droite, qui est la plus décente ; sinon elle ne saurait se tenir sur ses deux pieds et marcherait peut-être à quatre pattes. » On connaît maintenant la raison pour laquelle on ligotait l'infortuné : c'est par la peur de le voir devenir quadrupède.

L'emmaillotage terminé, l'enfant était disposé dans son berceau, où l'on mettait généralement de la paille et, par-dessus tout, deux matelas, un oreiller et une couverture, que l'on attachait aux bords du lit, de manière à maintenir le poupon étroitement serré.

On berçait le nourrisson « à celle fin que la chaleur esmeuve l'enfant à dormir par les fumées qui montent au cerveau ».

Les berceaux les plus primitifs paraissent avoir été formés d'un morceau de tronc d'arbre, creusé avec de petits trous sur les bords, pour livrer passage aux bandelettes destinées à empêcher le marmot de se mouvoir. Les paysans grecs se servent,

COMMENT ON HABILLAIT LES ENFANTS AU TEMPS DE LOUIS XIII.
(D'après une estampe d'ABRAHAM BOSSE.)

encore aujourd'hui, de pareils berceaux (1) ; plus tard, les berceaux seront posés sur deux morceaux de bois courbes. On ne rencontre des berceaux suspendus au-dessus du sol sur deux montants, que dans les manuscrits ou bas-reliefs du XVe siècle : ces montants sont fixes et le berceau se meut au moyen de deux tourillons.

Les enfants, représentés dans leur berceau ou entre les bras de leur nourrice, ont toujours le corps et les bras soigneusement emmaillotés et entourés de bandelettes, la tête seule restant libre : il en sera ainsi jusqu'à la publication de l'*Emile*, et pourtant, avant J.-J. Rousseau, d'autres écrivains, le philosophe Locke entre autres, avaient proclamé qu'il faut laisser à la nature le soin de façonner le corps comme elle le juge à propos ; mais ces sages conseils n'avaient pas été entendus.

Les berceaux étaient alors dépourvus de rideaux (2) ; les lits des grandes personnes étaient munis d'amples courtines, à l'abri desquelles, la nuit, on mettait le berceau de l'enfant : toute la famille reposait sous une tente commune.

Ces objets, d'usage quotidien, que sont les ber-

(1) *Dictionnaire raisonné du mobilier français*, de l'époque carlovingienne à la Renaissance, par E. VIOLLET-LE-DUC, t. I, art. BERCEAU.

(2) Il vint un temps où on les garnit de rideaux de soie ; on les dorait ou on les surmontait de cerceaux d'or ou d'argent.

ceaux, on les retrouve à peu près tels qu'ils étaient au temps de Charlemagne ou de Clovis ; les berceaux mérovingiens et carlovingiens ne différaient des nôtres que par les peintures dont ils étaient ornés, ou par leur bois plus ou moins ouvragé. Ce qui ne change pas, c'est, près de la couchette, la mère ou la nourrice, assise sur une chaise de bois, filant ou cousant, agitant la berceuse du pied, tout en psalmodiant quelque vieille chanson, et souriant à l'enfant serré dans son maillot comme dans un corset de torture.

Le poète Eustache Deschamps (1), qui nous a donné des mœurs de son temps une si vivante description, a résumé en trois vers les soins à donner aux nouveau-nés :

Il les faut emmailloter
Et tendrement envelopper,
Bercer, nectoier, conjouir.

« Les nourrices doivent aucunes fois chanter auprès de l'enfant, pour donner plaisance au sens de l'enfant, pour la douceur de la voix » (2).

A peine remis dans sa couchette, on le recouvrait de couvertures ou de peaux, ayant soin que ses jambes ne fussent ni renversées, ni retournées.

(1) *Le Miroir de Mariage*, édition Tarbé, 1865, in-8.
(2) J. Corbichon, *loc. cit.*

UN BERCEAU DU XVIIe SIÈCLE.

(D'après une estampe d'ABRAHAM BOSSE.)

Une amusante gravure sur bois (1), publiée vers 1570, nous montre des petits enfants aux mains de leur maman ou de leur chambrière ; ils sont au nombre de trois, à peu près du même âge, séparés seulement par quelques mois de différence. Le dernier venu des enfançons est dans un large berceau à capote mobile, comme on en voit encore dans nos campagnes ; un autre, habillé d'une robe, tient un hochet dans une de ses mains et tette sa nourrice ; le troisième, déjà grandet, est enfermé dans un chariot à roulettes, pour l'empêcher de tomber.

La mère douce, honneste et naturelle,
Berce l'enfant encore à la mammelle,
Tout aussitost qu'il veult son cry pousser ;
L'autre son fils par un hochet appaise ;
La tierce fait le sien marcher à l'aise
Au charriot, de peur de l'offenser.

Cette légende, placée au-dessous de la gravure qu'on vient de décrire, permet d'évoquer toute la vie des enfants du premier âge, chez nos bons aïeux.

A partir du sixième ou septième mois, on commençait à mettre la robe à l'enfant ; tous les jours, un peu plus longtemps, pendant un mois ou deux ; après quoi, on ne l'emmaillotera plus que la nuit,

(1) Elle fait partie d'une suite publiée chez Guillaume Le Bé (Bibl. Nat., *Estampes*, Ea 79). Nous la reproduisons p. 129.

jusqu'à l'âge de 18 mois ou 2 ans, à moins que sa faible complexion n'exige un plus long délai.

L'auteur de la *Mère chrétienne* (1) recommande une robe toute simplette, sans dentelles, ni toile fine, « qui est rarement bonne ».

Il la faut, pour l'hiver, en bonne laine blanche ; pour l'été, en coton ou en fil, « bien tissu », sans aucun « atifet ». La robe était portée jusqu'à 5 ou 6 ans ; il suffisait d'en avoir quatre ou cinq par saison, pour les avoir toujours propres.

On gardait la robe, on le voit, assez longtemps, plus longtemps même que nous venons de le dire ; car à la première robe, à la « bavette » succédait la « robe à collet ». Jean Rou rapporte, dans ses *Mémoires* (2), que mis au collège d'Harcourt à l'âge de 5 ans, il avait encore la bavette, « c'est-à-dire... pas encore cette longue robe à collet, qui précédait alors l'habillement des hauts-de-chausses ». Il passait, nous confesse-t-il, pour une « espèce de phénomène nouveau en ce lieu-là, et qui n'y avait jamais paru ».

Au collège, peut-être ; mais ailleurs, même à la Cour, cela ne paraissait pas autrement choquant : le roitelet Louis XIII n'avait pas moins de 6 ans, lorsqu'on lui fit quitter la bavette pour la robe à

(1) La Haye, 1723 (cité par Paul de FÉLICE, *Les Protestants d'autrefois*, t. I, 1902).

(2) Edition Waddington (Paris, 1854), t. I, 3.

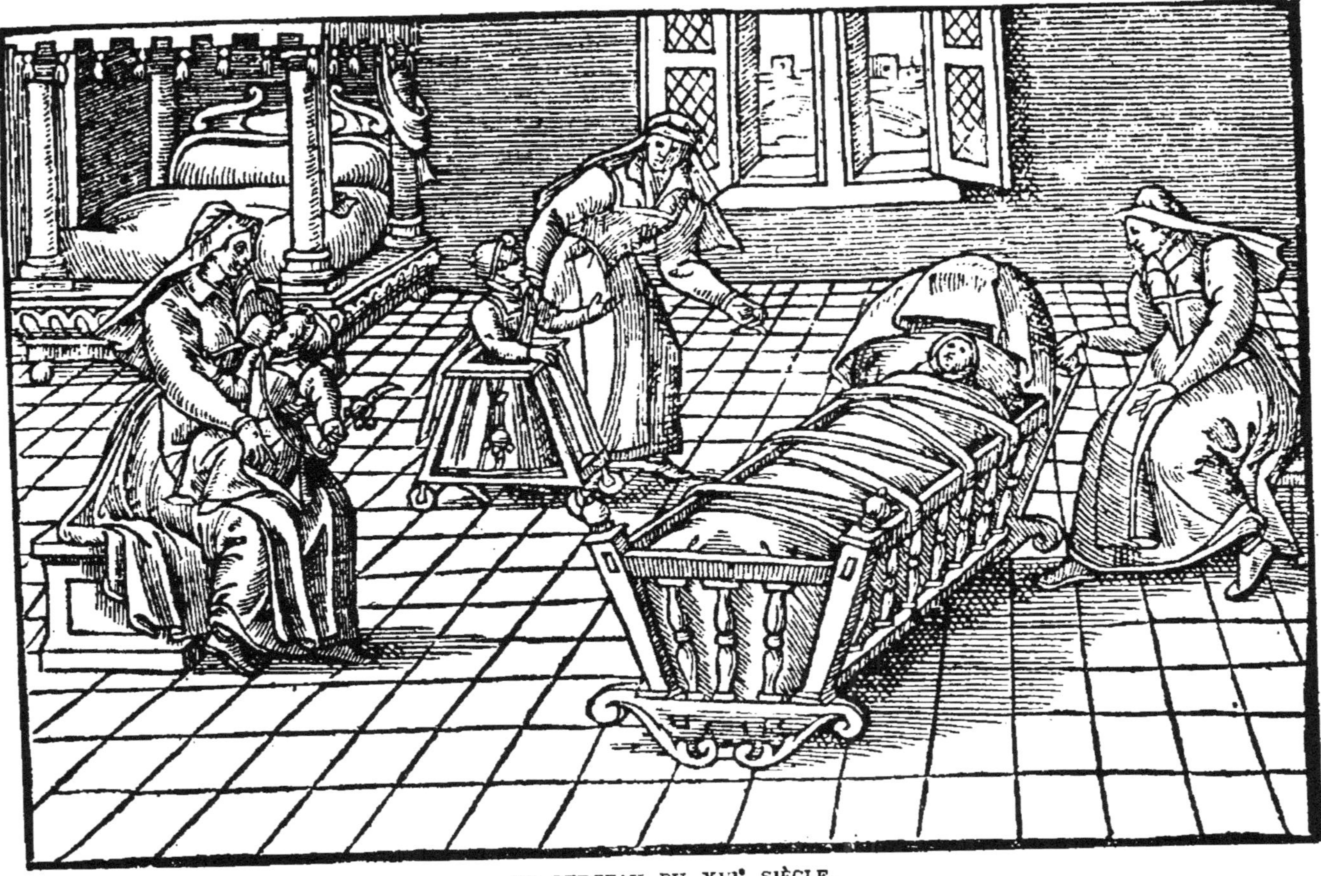

UN BERCEAU DU XVIe SIÈCLE.
(Gravure sur bois de G. Le Bé, 1570.)

collet. En ce temps, les enfants ne cessaient, de sitôt, d'être traités en enfants, et cela valait mieux sous bien des rapports.

Au commencement du XVIIe siècle, les estampes d'Abraham Bosse (voir pages 117-120) sont là pour en témoigner, les enfants de 2 ou 3 ans sont costumés comme les grandes personnes (1); ils paraissent, sous ce travestissement, beaucoup plus âgés qu'ils ne l'étaient réellement.

Les premiers jouets qu'on leur mettait entre les mains étaient les hochets dont il vient d'être parlé.

Les jeunes princes en avaient de très riches, que les comptes royaux ne manquent pas de mentionner (2) : ils étaient d'argent émaillé, parfois d'or et

(1) Dès que les enfants sortent du maillot, on les habille comme des grandes personnes. Le trousseau de la princesse Isabelle d'Este, quand elle avait un an (1476), comprenait : une tunique de brocart d'argent, avec des manches d'étamine cramoisie, un manteau de velours vert, garni de taffetas d'Alexandrie et deux manteaux, l'un de couleur « rose séchée », l'autre de drap de Bologne. Elle avait, en outre, une pelisse en velours d'Alexandrie et une autre, de brocart d'or. Les enfants de la bourgeoisie portaient, de très bonne heure, des robes de soie fourrée, un petit manteau et des chaussons. Ginaldi se plaint qu'en son temps (XVIe siècle), on donne à Florence, aux enfants à la mamelle, « des vêtements qui conviendraient à des mariées. »

(2) Voici la mention d'un compte : « A Jean du Vivier, orfèvre et varlet de chambre du roy nostre seigneur, pour avoir rappareillé et mis à point un petit moulinet d'or garni de perles et de balais petits, pour l'esbatement de Mme Isabel de France, XII s. p. ». DE LABORDE, *Glossaire*, art. HOCHET.

garnis de perles, portant le plus communément le blason royal. Les enfants peu fortunés se contentaient d'objets en os ou en métal.

IMAGE POPULAIRE DE SAINT CHRISTOPHE,
DITE DE LORD SPENCER.
(*Bibliothèque Nationale*, Estampes.)

Dès que l'enfant était jugé capable de se tenir sur ses jambes, on l'enfermait dans cette petite voiture roulante, qu'on pourrait retrouver dans nos provinces reculées, et qui lui permettait de courir, sans risque de chutes graves.

On imagine que, dans les villes du moyen âge, au milieu des ruelles tortueuses et resserrées, les accidents n'étaient pas moins fréquents que sur nos larges voies. Bien qu'il n'y eût pas la circulation intensive de l'heure actuelle, les chutes et les écrasements étaient relativement nombreux ; aussi les mères ne manquaient-elles pas de placer leur progéniture sous la protection de Dieu ou des saints. Saint Christophe était particulièrement invoqué dans cette circonstance : quand on avait regardé l'image du bienheureux le matin, on était, pour la journée, à l'abri de tout malheur. On achetait une figure du saint, représenté debout, traversant une rivière, avec Jésus sur ses épaules, et on la fixait au mur.

La foi naïve de ces âges heureux suffisait pour assurer le salut des enfants et la tranquillité des parents.

CHAPITRE TROISIÈME

LES VISITES A L'ACCOUCHÉE
LE LIT DE PARADE

Jadis, la naissance d'un enfant était l'occasion de cérémonies, de réjouissances, dont nous avons laissé perdre la tradition. Nos pères avaient, dira-t-on, plus que nous des loisirs, mais ils considéraient comme un bonheur la venue au monde d'un petit être et ils tenaient à ce que leur joie fût partagée par leurs parents et leurs amis.

La naissance d'un fils, surtout, était bien accueillie et grâces l'on en rendait au ciel. Un écrivain et moraliste italien du XVe siècle (1), après avoir fait visiter sa nouvelle demeure à la femme qu'il vient d'épouser, lui ordonne de s'agenouiller sur un prie-Dieu et de solliciter du ciel, avec lui, « des richesses, des amis et des *enfants mâles* ».

(1) L. Batt. ALBERTI, *Opere volgari* ; Florence, 1843-1849.

Il était alors admis que les enfants mâles recevaient une âme quarante jours après la conception, et les filles seulement dans le quatrième mois. Une sage-femme de Rome, impliquée dans une affaire d'infanticide, présenta pour sa défense cette raison, qu'elle n'avait pas cru commettre un crime en jetant un cadavre aux latrines, puisque c'était celui d'une fille conçue depuis deux mois seulement et qui, par suite, ne pouvait encore avoir d'âme.

On tenait tellement à avoir un garçon que des paris s'engageaient pour connaître à l'avance le sexe de l'enfant à naître. Il y avait, dans la capitale de la chrétienté, au seizième siècle, une catégorie de courtiers d'un genre spécial, qui s'occupaient exclusivement de transactions de ce genre et recevaient une rémunération proportionnée à l'importance de la somme engagée. Le Saint-Siège leur avait consenti le monopole de leur industrie et fixé leur nombre à quarante ; mais il y eut de tels excès de commis, que le pape Sixte-Quint, d'abord, en réduisit le nombre du quart, puis exigea d'eux une caution de 300 écus d'or ; leur interdisant, en outre, « de ne jamais faire d'association avec une sage-femme, de ne point prêter leur intermédiaire aux paris engagés sur la naissance d'enfants nés de servantes ou de nourrices, de s'abstenir de toute négociation les jours fériés, et de contresigner les cédules d'engagements. » Plus tard, on interdit les

ASTROLOGUE-MÉDECIN, TIRANT UN HOROSCOPE DE NAISSANCE.
(D'après une estampe de Jean RUEFF, *XVIe siècle.*)

paris durant la semaine sainte ; finalement on supprima les courtiers à Rome comme à Gênes, où la coutume s'était introduite (1).

Avant que l'accouchement ait lieu, « le ventre arondissant à leurs femmes, incontinent on appelle le devin. Les parens s'enquièrent si ce sera fils ou fille ; ils demandent sa destinée » (2). On fait venir un astrologue, qui passe pour « instruit des secrets de la nature » ; celui-ci interroge longuement sur les circonstances de la conception, examine l'accouchée, braque sa lunette sur les astres et conclut par un horoscope assez vague pour répondre à toutes les conjonctures. Cela n'empêche point d'ajouter foi à toutes les superstitions qui ont cours, comme de « toujours se chausser d'abord le pied droit », si l'on veut avoir des enfants « surtout mâles » ; de manger cru un poulet plumé, tandis que le mari mangera le cou de la bête, afin d'éloigner de l'enfant les maladies, particulièrement les maux de gorge ; de couper en sept une pièce d'étoffe de lin et de l'appliquer sur le ventre de la femme en gésine ; de lui faire boire de l'eau bouillie, réduite au quart de son volume ; de lui

(1) E. Rodocanachi, *op. infra cit.*

(2) Déclaration contenant la manière de bien instruire les enfants dès leur commencement, par Sadolet, traduction Saliat (Paris, 1537) ; cité par E. Rodocanachi, *La femme italienne à l'époque de la Renaissance.*

faire avaler un morceau de pomme cuite, pour la préserver de la fièvre, etc.

Dès la naissance du nouveau-né, la chambre de l'accouchée devenait un lieu de pèlerinage. On était tout à la joie et on tenait à la faire partager, quand venait au monde celui qu'on avait tant espéré. Connaissances et parents, tous étaient conviés à partager le bonheur des jeunes époux (1).

La mode exigeait que l'accouchée restât alitée pendant deux semaines ; mais combien prolongeaient ce *far niente*, « en leur lit mollement couchées », jusqu'à quatre semaines et plus ! Quel prétexte à étaler le luxe de son mobilier, la richesse et l'élégance d'un costume approprié à la circonstance !

Chez les plus fortunées, princesses et grandes dames, la chambre de *gésine* ou de *parement* est toute tendue de damas bleu, ou de velours cramoisi, « bien enlevée de personnages, bestes et oiseaux et de perles, rubis et dyamans » ; mais ces tentures à personnages ne sont mises en place que lorsque l'accouchée n'a plus à redouter la fièvre de lait, afin qu'elle n'en conçoive aucune frayeur qui puisse nuire à son rétablissement.

(1) On lit, dans *Le Miroir de Mariage*, d'Eustache Deschamps, ces vers équivalant à une peinture de mœurs :

On va aux nopces, or au corps
Or aux estuves, et puis dehors ;
On s'en va à la relevée
D'une gisant nouvel levée.

Parfois, le ciel, les tentes et courtines sont blancs, mais le choix des couleurs varie avec le goût et les ressources de chacun. Il en est qui veulent une chambre tendue de tapisseries, et on y marche sur des tapis « pareils à or. » Ce n'est que lorsque la dame est demeurée veuve étant grosse, qu' « elle doit faire tendre sa chambre toute de noir, et toute la chambre en bas tapissée de drap noir, et sur son lit un drap blanc, et le dressoir couvert de nappes, comme il appartient sans vaisselle... » Hormis cette circonstance, c'est le bleu ou le vert qui prédominent.

Sur le lit, qui mérite une description spéciale, sont posées des couvertes « d'hermines mouchetées, doublées de fin drap violet. Au-dessus de ces couvertures, deux beaux draps de fin couvre-chief de crespe empesé. » D'autres fois, le lit est « tendu de satin cramoisi et le couvertoir de même ; courtines de samit cramoisi troussées ; à un bout du chevet, un grand carreau de drap d'or cramoisi ; autour du lit, un grand tapis velu (à haute laine). » Près du chevet des lits, « une chaise à haut dossier, couverte de drap d'or cramoisi, avec un carreau de même devant le feu, une couchette basse à roulettes ; au-dessus des lits, un grand ciel de drap de damas vert. » Les comtesses sont, par exception, autorisées à avoir deux grands lits, « séparés par une allée de quatre ou cinq pieds de large » ; « ils ne

UNE CHAMBRE D'ACCOUCHÉE, EN HOLLANDE.
(D'après une estampe du XVIIe siècle.)

doivent être couverts que de menu vair et si peut avoir couchette devant le feu ; mais elles ne doivent point avoir la chambre verte, comme la reyne et grandes princesses ont. »

« Les femmes de seigneurs bannerets ont, en leur gésine, le grand lit et une couchette à un coin de la chambre, mais point de couchette devant le feu. Toutefois, depuis dix ans — ceci était écrit dans la deuxième moitié du quinzième siècle (1) — quelques dames de Flandre ont mis la couche devant le feu, ce dont on s'est bien moqué. »

Les bourgeois s'efforçaient à imiter le luxe des grandes dames, mais l'étiquette avait tout prévu. Le cérémonial ne pouvait être le même pour les femmes de la bourgeoisie, que pour les reines ou les princesses du sang.

C'est à la Renaissance qu'on fit parade de la plus grande magnificence. Un écrivain de cette époque, GRATIEN DU PONT, l'auteur des *Controverses des sexes masculin et féminin*, va nous initier aux mystères de l'alcôve.

Voici le lit sur lequel, richement parée, repose la nouvelle accouchée, « appuyée sur de grands oreillers de soie cramoisie, à gros boutons de perles. »

Ce lit est d'*anticque*, c'est-à-dire à l'imitation de l'antique ; peint d'or, d'azur et d'acre (azur natu-

(1) ALIÉNOR DE POITIERS, *Les Honneurs de la Cour.*

rel). Il est bien et richement encourtiné (garni de rideaux). Parfois, il est chargé de « dorures et de figures, qui semblaient véritables... couvert de draps fort riches, garnis de six coussins ». Ainsi était le lit d'une accouchée de Venise en 1428.

Quand le fils du roi de Portugal, Pierre, vint à Venise, il voulut visiter quelques habitations de patriciens. Elles lui semblèrent, disent les chroniqueurs contemporains, « non pas des maisons privées, mais des palais dignes des plus grands princes et des rois ».

Conduit chez une noble dame qui venait d'accoucher, un prêtre milanais, se rendant à Jérusalem, en passant par la cité des Doges, s'émerveillait du luxe de l'appartement et s'écriait « que la Reine de France, en pareil cas, n'aurait pas autant de pompe ». A l'entendre, la chambre où se tenait l'accouchée avait dû coûter 2.000 ducats, peut-être davantage.

Il y avait une cheminée tout en marbre de Carrare, luisant comme l'or, avec ses figures et ses feuillages si finement travaillés, que ni Praxitèle ni Phidias n'y auraient pu ajouter. « Le ciel de la chambre (plafond) était d'or et de bleu d'outremer ; les murs d'un travail tellement achevé qu'on ne le peut redire. » La boiserie, seule, était estimée, par l'enthousiaste narrateur, pas moins de cinq cents ducats ; le lit était immobile et fixé « à la vénitienne » ; quant à ses ornements, couvertures, oreillers, etc., « c'était, en vérité, admirable ».

Mais le bon prêtre n'était pas au bout de ses étonnements. Vingt-cinq demoiselles vénitiennes, dont on eût été embarrassé de dire quelle était la plus belle, étaient venues rendre visite à l'accouchée. Elles étaient très honnêtement vêtues, « ne montrant que quatre ou six doigts de nu sous les épaules, par devant et par derrière »; mais elles avaient sur la tête, sur le cou et aux doigts, tant de joyaux, or, pierres précieuses et perles, que, de l'avis de ceux qui étaient là, il y en avait pour la valeur de cent mille ducats.

« Leurs visages étaient fort bien peints et aussi le reste du nu qu'on voyait (1). » L'usage du fard était à peu près général à cette époque, en Italie, particulièrement à Venise et à Florence. Les Florentines avaient sur ce point une réputation des mieux établies. Un auteur du XIVe siècle dit que les démons de l'enfer ne sont pas aussi noirs que les couleurs dont elles usent pour se farder.

On savait déjà se noircir les yeux, et on employait certains onguents substantiels et gras, qui rendaient les dents noires et les lèvres vertes. Dans le cabinet d'une femme à la mode, on ne voyait « qu'herbes, racines, feuilles, alambics, matras,

(1) CASOLA, *Il viaggio a Jerusalemme* (Milan, 1855), cité par MOLMENTI, *La Vie privée à Venise*, 253 et suiv.

cornues, fourneaux et tout l'attirail des chymistes. Elle avait plus de phioles et de boëtes qu'un apothiquaire. »

Le maquillage était la grande préoccupation des Italiennes, en dépit des railleries des satiriques et des objurgations des prédicateurs.

Pour le luxe, pour la coquetterie, l'Italie gardait le pas sur la France. On conte à ce propos une anecdote caractéristique. Lorsque, en 1495, le roi Charles VIII descendit en Piémont, entre autres spectacles qu'on supposait de nature à l'intéresser, on lui présenta la reproduction d'une chambre d'accouchée d'une somptuosité inouïe. Le ciel du lit était de fin drap d'or vert ; l'étoffe des rideaux, de damas peint ; le reste, cramoisi. L'accouchée portait un vêtement violet et blanc, avec des manches de velours rouge, doublées de martre zibeline ; elle était ornée de quantité de bagues et de pierreries de toutes sortes, gros diamants, turquoises, cornalines, perles de prix ; à côté d'elle, se voyaient deux coussins en étoffes d'or, garnis aux coins de houppes et de boutons, et frangés de perles. Tout autour se tenaient « dames sans nombre, à faces angéliques », habillées de drap d'or et de satin, « le corps troussé frisquement de velours », ayant, elles aussi, de gros diamants et des saphirs (1).

(1) V. la description complète, dans Octavien de SAINT-GELAIS, *Le Vergier d'honneur*, 1495.

On décorait les chambres des accouchées de tableaux, de statues, de tentures et de tapisseries (1), et on y exposait tous les cadeaux que, selon la coutume, les membres de la famille ou les amis avaient envoyés pour la circonstance. C'étaient, le plus souvent, des cadeaux utiles (2) : Cino di Filippo offrit à la femme d'un de ses amis, qui venait

(1) F. Sansovino, *Venitia, Citta nobilissima* (Venise, 1581).

(2) Les visiteurs n'arrivaient jamais les mains vides. Ainsi, à Limoges, lors de la naissance de la fille aînée du notaire, on voit défiler, chez ce dernier, le médecin porteur d'un pâté de poulet, d'une oie, d'un poulet rôti et d'une « tercière » de vin ; vient ensuite la marraine, avec trois pâtés, une oie, un cochon de lait, quatre poulets rôtis et deux tercières de vin. Les autres visiteurs sont chargés de différentes victuailles : pièces de bœuf, queue de mouton, fromages blancs, friandises diverses. Ces détails sont précieusement consignés sur son livre de raison, par maître Péconnet, notaire royal à Limoges (1487-1502). Un autre livre de raison, d'un notaire de Besançon, nous instruit de ce qui se passait dans cette région : chaque naissance y était l'occasion de repas et de présents, dont le père suppute la valeur sur son registre, tenu soigneusement à jour ; parfois, dans son enthousiasme, il écrit et s'écrie, à la vue d'un chapon offert à sa femme : « Oncques n'en vis un si gras ! » Guibert, *Livres de raison limousins* (Limoges, 1888), 178 et s. ; J. Gauthier, *Mém. de l'Ac. de Besançon*, 1886, 138 et s. Des règlements municipaux durent être édictés, dès le XIIIe siècle, pour restreindre les frais de ces visites et le nombre de visiteurs. Défense fut faite d'envoyer, à l'occasion des couches, des gâteaux, des oublies ou autres friandises, de faire des repas, de boire et de manger, et de donner aucun cadeau. A Montauban, il était interdit d'aller voir une accouchée, à moins d'être sa cousine seconde, au moins, ou sa commère, et ces visites ne pouvaient avoir lieu que le dimanche. (E. Forestié, *Livres de comptes des frères Bonis*. XIVe siècle).

Vom Ampt der Hebammen. 49

Das dritte Buch / wirdt

eygentlich vnd klar alle Handwirckung / auch das Ampt der Hebammen lehren / vnd jhnen anzeigen die Zufälle / Irrungen vnd Mißbräuche / so mit liederlicher Vbersehung sich darinnen zutragen / Wirdt haben sechs Capitel.

Das erste Capitel.

Wirt die rechte Zeit vnd Geburtstund anzeigen / auch was die rechte Kindswehe seyen / wie man die wissen / erkennen vnd erlehrnen sol. Zu dem / welches die rechte natürliche Geburt sey / wie die volkomenlich werden vnd geschehen müsse.

G So bald

LA VISITE A LA SAGE-FEMME.
(Frontispice illustré d'un ouvrage allemand ancien.)

d'avoir un fils, une douzaine de fourchettes d'argent ; elles lui avaient coûté huit florins (1).

De nombreux visiteurs étaient conviés, afin que ce déploiement de richesses eût le plus de spectateurs possible. A côté du lit, on trouvait « maint muguet et causeur, par grand'gloire couché sur une chaire de fin velours de drap d'or ou broché ». L'accouchée « dessus son corps porte un corset d'un fin drap d'or frisé », dont tous les dimanches elle change. Elle se tient en exposition sur son lit, parée comme une châsse.

Contre ce débordement de luxe, lois et règlements restaient impuissants. Des statuts de Milan avaient interdit les courtepointes de soie brodée, ou travaillées d'or et d'argent, les coussins recouverts de soie ou garnis de boutons d'or, d'argent, de soie, de perles, les ciels de lit en étoffes précieuses, les camisoles de soie dont se revêtaient les accouchées, et leur permettaient seulement des couvertures de soie.

En 1537, le Sénat de Venise avait défendu, aux nobles comme aux bourgeoises, de recevoir pendant leurs couches d'autres personnes que leurs parents, sous peine d'une amende de 30 ducats. Une amende de 10 ducats était infligée aux sages-femmes qui n'avaient pas, dans le terme de trois jours,

(1) *Ricordi di Rinuccini*, 251. (E. Rodocanachi, *op. cit.*).

notifié au bureau des *Pompe* (chargé, d'une manière générale, de faire respecter les édits somptuaires), le nom et le domicile du père de l'enfant qui venait de naître. Pour s'assurer de l'exécution de la loi, le notaire ordonnait au capitaine et au valet des *Pompe* de visiter les maisons dans lesquelles ils avaient le droit d'entrer, de pénétrer jusque dans la chambre de l'accouchée, afin de s'assurer que les prescriptions de la loi étaient observées. Ceux qui s'y opposaient, nobles ou bourgeois, étaient condamnés à une amende de dix ducats ; quant aux gens du peuple, ils encouraient la peine de la prison, du bannissement ou des galères.

Mais un proverbe toscan dit : *L'uomo fa le leggi, la donna i costumi :* les hommes font les lois, les femmes font les coutumes. Peu à peu on transgressa les règlements, finalement on les éluda.

Au XVIIe siècle, à Florence, les visites aux accouchées avaient lieu comme par le passé, à cela près que les mères de celles-ci, leurs sœurs ou leurs belles-mères n'accompagnaient plus les visiteurs jusqu'à la porte de la maison, comme autrefois ; elles s'arrêtaient en haut de l'escalier.

L'opulence du mobilier, la finesse de la literie, n'avaient subi aucune modification ; bien au contraire, elles n'avaient fait que croître. Les femmes de qualité, lorsqu'elles étaient en couches et qu'elles commençaient à recevoir des visites, plaçaient dans leur chambre un dressoir ; ce dressoir, selon la condition de l'accouchée, était plus ou moins luxueusement orné. On observait à ce sujet une véritable étiquette.

Pour « les comtesses et autres grandes dames », le dressoir portait un dais de velours avec son dossier, mais il ne pouvait avoir que trois gradins : sur les gradins, on plaçait de grandes coupes, des pots, des flacons d'argent ; et, sur la console, deux drageoirs, deux chandeliers d'argent, ou d'autres pièces pareilles à celles des gradins.

Les fils puînés de chevaliers-bannerets pouvaient donner à leurs femmes en couches un dressoir à deux degrés ; pour les femmes « de bon lieu et non titrées », il devait être sans gradins.

A côté du buffet, était une petite table, chargée en permanence de viandes, de pâtisseries, de vins délicats, et recouverte d'une nappe blanche brodée.

Cette table avait ses tasses particulières : il n'était pas permis de se servir, pour boire, de celles du buffet.

Nul autre qu'une femme ne pouvait offrir du vin ou des dragées. Si la personne qui venait en visite était une princesse, ce n'était pas à elle directement qu'on présentait le drageoir, mais à la dame qui la suivait, afin que celle-ci le lui présentât.

L'auteur des *Honneurs de la Cour*, qui nous fournit ces particularités, a soin de faire remarquer qu'aux couches d'Isabelle de Bourbon, bru du duc de Bourgogne Philippe, l'étiquette observée fut différente : le dressoir avait quatre degrés, au lieu de trois ; au velours on avait substitué un drap d'or cramoisi, bordé de velours noir ; quant à la console, au lieu de deux drageoirs, elle en portait trois, qui étaient en or et enrichis de pierreries. Plus tard, les dressoirs perdirent leur nom : sous le règne d'Henri III, la Cour les nomma des *crédences*, d'un mot italien qui avait la même signification.

A l'imitation des grands, les bourgeois et même le populaire voulurent avoir des dressoirs. Le poète Eustache Deschamps, mort vers 1420, détaillant dans une longue satire contre le mariage tous les inconvénients de celui-ci, dit, entre autre choses : « Il vous faudra pintes, pots, aiguières, *dressoir*, avec beaucoup de vaisselle, sinon d'argent, au moins de plomb et d'étain (1). »

De tout temps, on peut dire que le luxe a été contagieux. Christine de Pisan, qui vivait à Paris au temps de Charles VI, revint un jour scandalisée d'une visite qu'elle avait faite à la femme d'un marchand, « et non des plus importants de la ville, mais de ceux qui achètent en gros et vendent en détail ». Elle avait trouvé la dame dans une cham-

(1) *Hist. de la Vie privée des Français*, par M. Legrand d'Aussy, t. III (1782).

bre « encourtinée de tapisserie, faite à la devise d'elle », c'est-à-dire à son chiffre, « ouvrée très richement de fin or de Chippre ». Le lit, « grand et bel », était « encourtiné d'un moult beau parement ». Les tapis sur lesquels on marchait, « tous pareils à or » ; les grands draps « ouvrez de parements, qui passoient plus d'ung espan par soubz la couvertouere », et « de si fine toile de Reims, qu'ils estoient prisez à trois cens francs. Et tout par dessus ledict couvertouer à or tissu, estoit ung autre grand drap de lin, aussi délié que soye, tout d'une pièce et sans cousture, qui est une chose nouvellement trouvée... et de moult grand coust... »

Dans cette chambre était un « grand dressoir, tout paré, couvert de vaisselle dorée » ; et dans le lit reposait « la gisante, vestue de drap de soye, tainct en cramoisy, appuyée de grandz oreillez de pareille soye, à gros boutons de perles, atournée comme un damoyselle » (comme une femme noble). Et Dieu sait, ajoute Christine, vertueusement indignée, « les autres superfluz despens de festes, *baigneries*, de diverses assemblées, selon les usaiges de Paris à accouchées, les unes plus que les autres, qui là furent faites en cette gésine » (1).

Christine de Pisan fut si révoltée par le spectacle auquel elle venait d'assister, qu'elle en fit part à la

(1) Alf. FRANKLIN, *La Vie privée au temps des premiers Capétiens*, t. II (Paris, Emile-Paul, 1911).

reine. Puisque les petites gens avaient une si grande abondance de richesses, il n'y avait qu'à les écraser d'impôts, pour leur apprendre que les femmes du commun ne doivent pas se livrer à des dépenses exagérées, au point que la Reine de France elle-même n'en pourrait faire davantage. Inutile d'ajouter que l'on continua, comme devant, à se livrer aux mêmes écarts.

Souis Louis XI, les choses n'avaient pas changé. On lit dans *Le Spécule des Pêcheurs*, écrit en 1468 :

> L'accouchée est, dans son lit, plus parée qu'une épousée, coiffée à la coquarde, que diriez que c'est la teste d'une marotte ou d'une idole. Au regard des brasseroles (camisoles à manches courtes), elles sont de satin cramoisi ou satin de paille, satin blanc, velours, toile d'or ou d'argent. ou autres sortes qu'elle sait bien prendre et choisir. Elle a carcans autour du col, bracelets d'or, et est plus parée qu'idole ni reine de cartes.

La fin de cette exposition théâtrale était la messe de relevailles, où l'accouchée se rendait revêtue de son costume de noce, c'est-à-dire en robe écarlate ou vermeille, car l'usage, à la fin du moyen âge et plus tard encore, fut de se marier en rouge (1).

Des femmes tenaient compagnie à l'accouchée jusqu'à ses relevailles ; elles l'aidaient à se lever, l'assistaient au bain, se baignaient même avec elle.

(1) Quicherat, *Histoire du Costume en France*, 312-13.

On faisait de la musique, on dansait dans la *chambre de gésine*. De ménétriers

Et d'instruments y a telle mélodie,
Tant de chansons, d'orgues et de plaisir,
Que vous n'auriez, certes, autre désir
Que d'écouter leurs accords et cadences
Et comparer maintes sortes de danses (1).

Mais ce qui dominait la musique, les bruits de toute sorte, c'était le caquet des commères et des visiteuses, qui tenaient concile dans la chambre de l'accouchée.

Ah ! les langues vont bon train et tous les cancans, toutes les médisances, sur celui-ci, sur celle-là, sur les prétentions de l'une, sur le train de vie de l'autre, se donnent libre cours, pendant les semaines que durent les suites de couches !

Les unes parlent quant à leurs jalousies ;
Les autres content celles de leurs maris
Et des muguetz, desquels ils sont marris.
Les unes parlent de leurs accoutrements,
D'anneaux, de bagues, chaînes et vestements;
Les autres disent que n'en peuvent avoir,
Car leurs maris ne font pas leur devoir.
Les autres parlent de leurs nobles lignages,
De leurs prouesses et de leurs héritages.

(1) Gratian Dupont, *Controverses des sexes masculin et féminin.*

Les jeunes racontent leurs petites misères et leurs moindres malaises, avec force détails : « Je crois que je suis enceinte », dit une mariée ; « J'ai si mal aux reins, reprend une autre, que j'en mourrai soudainement ».

Mais mon mari ne s'en rompt pas la teste,
Onc ne me dit : Veux-tu rien, sotte ou beste ?

Les autres, « celles qui ont en leur maison belle-mère, belle-sœur ou beau-père », parlent

Du traitement mauvais que leur feront.
Les autres parlent de leur ménagerie (ménage)
Et font merveilles, selon leur baverie (à les entendre);
Mais Dieu sçait bien de quel sorte ont vécu
Chiches de mailles (1) et larges d'un escu.

Et notre rigide censeur conclut :

Jamais leur langue n'a séjour ne repos,
Incessamment parlent sans nul propos,
Tout à coup quand elles se trouvent ensemble (2).

Visiblement, le poète en veut aux femmes et se montre à leur égard quelque peu impertinent. Il n'a cependant pas tout dit. Il n'a pas parlé, notamment, du mari de l'accouchée, dont l'auteur du

(1) On connait le proverbe : *ni sou, ni maille.*

(2) *Etudes sur la vie privée de la Renaissance, par* Ed. Bonnaffé. Paris, 1898.

livre célèbre connu sous le titre ironique : *Les Quinze Joyes du mariage*, nous a conté les tribulations. Le pauvre homme a beau se démener, il n'arrive pas à satisfaire les caprices de sa femme et surtout des commères qui font la garde autour d'elle.

Dans telles provinces, le Nord, par exemple, la visite à l'accouchée est surtout un prétexte à bien boire et bien manger : « Quand approche le temps de l'enfantement, il convient que le mari ait commères à l'ordonnance de la dame », et qu'il se procure du vin, « dont elles boiront autant que l'on en bouteroit dans une botte. » Qu'il pleuve, qu'il gèle ou qu'il grêle, « elles desjeunent, elles mangent, maintenant boivent au lit, maintenant à la cuve. Et le pauvre homme va souvent voir comment le vin se porte, quand il voit terriblement boire. »

La femme manifeste-t-elle un désir, aussitôt le mari s'empresse ; mais celle-là trouve mauvais tout ce qui lui est offert et le rejette de méchante humeur. L'époux a beau faire, il ne parvient pas à la contenter.

Un jour, elle lui demande de lui préparer un mets, dont elle a grande envie, « ung bon coulis de chapon au sucre » : lors, le brave homme s'en va quérir le brouet pour sa dame « et la prie tant que elle en prend une partie pour l'amour de lui, ce dit-elle, en disant qu'il est très bon ».

Avant de quitter sa femme, l'époux recommande

qu'on fasse bon feu dans sa chambre et qu'on ne s'en aille d'auprès d'elle. Puis il part souper. « On lui apporte de la viande froide, qui n'est pas seulement demeurée des commères, mès est le demourant (le restant) des matrones, que elles ont patrouillé à journée (toute la journée) en beuvant Dieu sait comment. »

L'infortuné mari va enfin se coucher.

Quinze jours se passent dans ces transes ; harassé, bafoué et... grugé, l'époux se hasarde enfin à faire une observation ; il demande à sa chère moitié quand il lui plaira de se lever. Alors la mégère éclate en imprécations :

Ha maudite soit l'eure, que je fus oncques née, et que je ne avorté mon enfant ! Elles furent hier céans quinze proudes femmes, mes commères, qui vous ont fait grand honneur partout où elles me trouvent; mais elles n'avoient pas de viande qui fust digne pour les chambérières de leurs mésons, quand elles gisent (quand elles sont en couches). Je le scay bien, je l'ay veu. Aussi elles s'en scèvent bien moquer entre elles... Hélas! il n'y a encore guère que je suy accouchée, et ne puis me soutenir; et il vous tarde bien que je sois jà patrouiller par la méson, à prendre la peine qui m'a tuée. Par Dieu, vous voudriez que je fusse morte, et je le vouldroie aussi ; et par ma foy, vous ne aviez que faire de estre en ménage.

Pour la calmer, le pauvre homme devra redoubler d'attentions pour la « gisante », et surtout pour les commères insatiables, qui ne lui en sauront gré, tenant pour dues toutes ses gracieusetés.

Il n'y a qu'en Alsace où, semble-t-il, on ait tenté de lutter contre ces abus. La célèbre Coutume de Ferrette, dont on possède une rédaction datée de 1567, règle avec une intelligente bonhomie ce qui regarde les baptêmes. Elle permet de « servir un repas convenable, *sans dépasser toutefois le nombre de quatre plats*, aux femmes qui se sont donné de la peine *pour assister l'accouchée*, ainsi qu'aux parrains et marraines, lors des relevailles ; de bons amis pourront visiter l'accouchée et accepter chez elle un *modeste* repas » (1).

C'était une exception : les dépenses faites en cette circonstance étaient presque toujours considérables.

On recherche beaucoup aujourd'hui les comptes et les inventaires des siècles qui nous ont précédés ; on a d'autant plus raison que, derrière le chiffre le plus insignifiant en apparence, se cache un trait de mœurs. On a publié, il y a quelques années, le compte des fournitures faites à l'occasion des couches de la femme d'un gouverneur de Bourgogne en 1578, Mme Henri de Savoie, épouse de messire

(1) L'*Ancienne Alsace à table*, par Ch. Gérard, 245-6.

PLATEAUX D'ACCOUCHÉES

entant des scènes d'accouchement, de toilette de nouveau-né et d'allaitement.)

Charles de Vienne. L'énumération seule en fait venir l'eau à la bouche : 24 jambons de Mayence, 4 douzaines de gros saucissons, cent livres de sucre, 10 livres de cannelle ; et du gingembre de Venise, et du fromage de Milan, et des poires d'Anvers, et des muscades du Levant, et des raisins de Corinthe ; sans parler de 15 livres de pruneaux de Tours, prunes de Gênes, grosses poires confites, pistaches, marmelade de coings, marmelade d'abricots, etc... On se doute qu'il y avait grande compagnie pour consommer un pareil festin, dont l'accouchée prenait sa part.

Ce fut longtemps, en effet, l'usage de faire manger les accouchées après la délivrance. Nos pères avaient parfaitement compris que l'acte physiologique de la parturition, avec les pertes et la faiblesse qui en sont la conséquence, nécessitait une alimentation réparatrice.

Si nous n'étions renseignés sur ce point par les anciens médecins, nous le serions par les artistes. Nous avons eu souvent l'occasion de le rappeler : les œuvres d'art fournissent les indications les plus précises sur la vie familiale de nos ancêtres. L'accouchement a été maintes fois représenté et aussi les suites de l'acte obstétrical. Les tableaux qui représentent la *Nativité de la Vierge* constitueraint, à eux seuls, une fort curieuse galerie.

L'accouchement de sainte Anne est représenté

presque toujours terminé. La mère de la Vierge, demi-assise sur son lit, se lave les mains et, tandis qu'elle achève ses ablutions, on lui porte à manger ; et ce ne sont pas des aliments légers qu'on lui sert, mais du bouillon, des œufs et, dans d'autres cas, un plateau bien garni, avec viande, volaille, poisson, pain et gâteaux (1). Parfois on présente à la parturiente une boisson dans une coupe, une aiguière (2), ou une bouteille.

Les plats ou plateaux d'accouchées avaient une double destination : ou ils servaient à supporter les présents qu'on offrait aux femmes en couches ; ou à leur apporter les mets qu'elles devaient prendre. D'autres fois, celles-ci s'en servaient « pour arranger les plats destinés à leur dîner ou à leur souper » (3).

Ces objets offrent un intérêt à la fois documentaire et artistique et ils apportent une contribution

(1) Cf. la *Chron. méd.*, 15 juin, 1er et 15 octobre 1909 ; 1er septembre 1910.

(2) « Guillaume Boucher (Guillelmus Carnifex), meurt à Paris. Savant médecin à la Faculté de Paris, envoyé en Allemagne pour les affaires de l'Université (1396), attaché aux ducs d'Orléans et de Bourgogne, puis à Charles VI, Philippe le Hardi ne dédaigne pas de tenir sur les fonts baptismaux le fils de l'archiâtre, et il donne à l'accouchée un gobelet et une *aiguière* dorés, valant 75 l. 7 s. tournois. » A. Ch. Ephémérides médicales (6 juillet 1410), de l'*Union médicale.*

(3) *Monuments et Mémoires publiés par l'Académie des Inscriptions et Belles-Lettres*, fondation Eugène Piot. Paris, Leroux, 1894.

COUPE D'ACCOUCHEMENT.
(Collection DUTUIT.)

plus encore à l'histoire des mœurs qu'à l'histoire de l'art, bien que les plus grands artistes n'aient pas dédaigné de mettre leur pinceau au service des événements les plus intimes : Raphaël et Jules Romain n'ont pas brossé seulement des fresques ou peint des tableaux de grandes dimensions, ils ont aussi fourni des dessins pour des vases de majolique (1).

Les sujets que représentent les *deschi da parto* sont empruntés, pour la plupart, à l'histoire sainte ou à la mythologie. Un de ces plateaux, conservé dans la galerie du chevalier Artaud de Montor, figure sainte Elisabeth, au moment où elle vient de mettre au jour saint Jean-Baptiste ; outre le grand nombre de personnes empressées à servir la mère, trois femmes s'occupent de l'enfant ; une fait des signes pour apaiser ses cris, une autre pince d'une espèce de guitare. Au bas du tableau est la date du 15 avril 1428 (2).

Un plateau du musée de Berlin, attribué à Masaccio, montre l'accouchée, une dame noble de Florence, recevant la visite de ses amies, dans un chambre donnant sur une belle cour à arcades.

Deux serviteurs lui apportent, l'un sur un plat, l'autre sur un plateau rond, des gâteaux et des friandises. Ils sont précédés de deux sonneurs de

(1) *Magasin pittoresque*, VII, 92.
(2) *Curiosités de l'Archéologie* (Bibliothèque de poche), 193.

PLATEAU D'ACCOUCHÉE.
(Attribué à MASACCIO.)

PLATEAU D'ACCOUCHÉE.
(Collection ANDRÉ.)

trompe. On présume que cette peinture avait été offerte en souvenir de l'heureux événement qu'elle représente.

Ces tableaux étaient accrochés, en manière de décoration, aux murs, aux colonnes ou aux cheminées. La peinture de certains d'entre eux est si lâchée, les couleurs si légèrement appliquées, qu'en certains endroits elles laissent transparaître le dessin de l'esquisse (1).

Le plat de Masaccio, dont il vient d'être question et qui est conservé au musée de Berlin, est une des plus belles céramiques de l'art de la Renaissance.

Un plateau dodécagonal, faisant partie de la riche collection de M. et Mme Edouard André, offre une illustration plus intéressante encore que celle du plat de Berlin.

Six personnages s'avancent processionnellement, dont trois portent des plateaux circulaires : un, chargé de fleurs ; l'autre, de fruits ; le troisième, d'une sorte de galette. Dans le fond, à droite, l'accouchée est étendue dans un lit, aux rideaux tout endentellés ; en avant, la nourrice berce l'enfant bien emmailloté.

Les costumes, au dire de quelqu'un qui a eu l'original (2) sous les yeux, remarquables par certaines notes d'un rouge vif, sont du milieu du xve siècle.

(1) *Gazette des Beaux-Arts*, 1888, I, 475.
(2) *Monuments et Mémoires*, etc., I, 220.

Une architecture de style Renaissance encadre la scène.

Sur d'autres tableaux sont figurés des sujets bibliques : l'*Entrevue de la reine de Saba et de Salomon*, le *Jugement de Salomon*. Les panneaux sont circulaires ou à douze côtés. Ailleurs, on relève des sujets empruntés à la mythologie : le *Jugement de Pâris*, l'*Enlèvement d'Hélène*, attribués à Benozzo Gozzoli, l'*Accouchement de Myrrha*, etc. ; ou des sujets allégoriques, tels que le *Triomphe de l'Amour*, le *Triomphe de la Renommée*.

L'usage des plateaux d'accouchées paraît s'être maintenu jusqu'en plein XVIe siècle (1). On offrit ensuite des coupes ou de simples tasses.

Les coupes, montées sur pied, ont à l'intérieur un médaillon, sur lequel figure une scène généralement assez réaliste : c'est une femme nue, entre deux enfants nus ; ou une femme assise, tenant dans ses bras un nouveau-né, alors que, près d'elle, un jeune garçon fait sécher du linge devant le feu.

La tasse est formée de deux coupes, qui se superposent et s'emboîtent par leurs bords. Le Dr Max-Bil-

(1) M. E. Rodocanachi a reproduit, dans son très bel ouvrage sur la *Femme italienne*, quatre plateaux d'accouchées, dont trois de la collection Martin-Leroy, qui sont décorés sur les deux faces ; et un du Musée national de Florence (collection Garraud).

TASSE D'ACCOUCHEMENT; majolique de Gubbio.
(Début du XVIe siècle; collection DUTUIT.)

lard, qui en a donné une minutieuse description (1), croit que ces sortes de tasses étaient destinées à déverser alternativement, d'un bol dans l'autre, les liquides trop chauds, pour en faciliter le refroidissement.

Ces coupes et ces tasses d'accouchées sont conservées au musée du Petit Palais, dans la collection Dutuit. A notre connaissance, cette collection comprend deux de ces coupes, une tasse et un plat rond, signalés par le Dʳ Billard, et qui représente l'accouchement de Myrrha. Tous ces objets accusent la facture du XVIᵉ. Ils attestent que les artistes de la Renaissance n'ont pas dédaigné de faire servir leur pinceau à raconter l'existence de tous les jours, les espérances et les joies de la vie de famille.

La peinture étendait alors son empire non seulement sur la décoration des parois et des voûtes, mais sur celles des armes, des meubles et jusqu'aux plus humbles ustensiles. Nous retrouvons là le reflet des usages et des sentiments d'une époque.

Mais nous sommes renseignés par ailleurs ; la littérature, le théâtre, sont des sources qu'il faudrait se garder de négliger.

Au commencement du XVIIᵉ siècle, dans une

(1) Dans l'*Asepsie*, première année, n° 2 (juillet 1908).

pièce (1), dirigée contre le mariage, le poète satirique et médecin, de Courval-Sonnet, fait allusion au luxe que déploient les femmes de son temps, dans la période qui suit l'accouchement. La *coiffure à l'accouchée* fut, un certain temps, de mode. Les *Costumes et Mœurs de France* en donnent une gravure des plus suggestives.

Sous le rapport du luxe, l'accouchée du XVIIe siècle n'a rien à envier à celle du XVIe. « Etendue à demi couchée sur une chaise longue, enveloppée dans le plus beau linge, l'accouchée se perd dans une infinité d'oreillers, grands et petits. On ne voit que dentelles artistement plissées et de grosses touffes de rubans. Elle attend sur ce trône les visites de tout le monde ; elle a tout préparé, pour qu'on admire jusqu'à son couvre-pied. »

Cette mode n'eut qu'un temps, Mme de Genlis le constate non sans mélancolie. « Autrefois, dit-elle, quoiqu'on fût habillée, sur une chaise-longue on avait toujours un couvre-pied. La décence l'exigeait ; car, ainsi couchée, le mouvement peut dé-

(1) Datée de 1622 et dont un fragment que nous citons a été reproduit par le Dr Witkowski, dans ses *Curiosités historiques sur les accouchements* (1892), 2-6 :

> Les toilettes de nuict et les coiffes de couche,
> Brassière de satin, quand Madame est en couche,
> Sans oublier encore les coiffes de velours,
> La robbe de damas avec tous ses atours.

couvrir les pieds et même les jambes. D'ailleurs, un beau couvre-pied était une sorte de parure très élégante. On s'en passe communément aujourd'hui et rien n'a plus mauvaise grâce. »

L'ACCOUCHEMENT DE MYRRHA.
(Majolique italienne d'Urbino ; début du XVIIe siècle; collection DUTUIT.)

Une garde, placée à la porte, était chargée de « flairer » tous les visiteurs et plus particulièrement les visiteuses, pour s'assurer qu'elles ne portaient pas sur elles quelque odeur pouvant incommoder l'accouchée. Si des accoucheurs autorisaient les

COUPE D'ACCOUCHEMENT; majolique de Gubbio.
(Milieu du XVIᵉ siècle; collection DUTUIT.)

odeurs fortes, comme celle du musc, de l'ambre ou de la civette, la plupart les proscrivaient (1).

Il était interdit de parler à l'accouchée : où était le temps où les femmes faisaient dans la chambre de gésine assaut de caquetage, si bien qu'on avait appelé *caquetoires* les chambres où se tenaient ces réunions, de même que les sièges qui les garnissaient ?

L'intérêt qu'on prend aux douleurs que l'accouchée a endurées, fait passer par-dessus toutes les consignes : on ne peut s'empêcher de dire à celle-ci qu'on n'en a pas dormi de la nuit. « Ce compliment est renouvelé par toutes les femmes qui arrivent. »

Après avoir congrûment loué le courage de l'accouchée, « on fait l'éloge de ses dentelles et de la façon dont elle est mise. On dit à chaque instant : parlons bas, et celle qui vient de donner ce conseil est la première à élever la voix fort haut... Quand une femme se porteroit assez bien pour être relevée de couches au bout du douzième jour, elle attendroit jusqu'au vingt-unième pour reparoitre. Jusqu'alors, elle doit, quand il entre quelqu'un, retomber sur sa chaise-longue, jouer la langueur et l'abattement, recevoir trente visites, au lieu de se

(1) Guillemeau, *Accouchements*, 309, et Mauriceau, 366.

promener dans un jardin et d'y jouir des douces influences de l'air » (1).

Ce « culte » de l'accouchée avait des fervents

PLATEAU D'ACCOUCHÉE.
(*Le Jugement de Paris.*)

dans les plus hautes classes de la société. Les princes ne manquaient jamais d'aller rendre visite aux

(1) Séb. MERCIER, *Tableau de Paris*, t. VI, 46 (Alf. FRANKLIN, *L'Enfant*, 55).

femmes de la cour nouvellement accouchées, pour peu qu'ils eussent des liaisons avec elles.

Ils avaient la même politesse pour les dames attachées à leur maison. S'ils n'avaient pas avec elles de relations suivies, ils envoyaient un de leurs pages prendre des nouvelles (1).

On sait à combien de contestations de rang, à combien de disputes de préséance donnait lieu, autrefois, l'observation d'une étiquette rigoureuse. Entrait-on chez le Roi, l'huissier de l'antichambre ouvrait les deux battants de la porte, « pour les princes et princesses qui ont accoutumé de les ouvrir ; et pour les ambassadeurs, quand ils ont audience » (2). On ouvrait les deux battants pour les Altesses royales ; les Altesses sérénissimes n'avaient droit qu'à un seul battant. On ne commettait qu'une dérogation à ces règles sévères : au moment où les princesses du sang accouchaient, toutes les portes de l'appartement étaient ouvertes, et tout le monde, sans exception, pouvait entrer (3).

Singulier privilège, dont jouissaient les reines et les princesses (4), de se donner en spectacle et d'éta-

(1) Mme de GENLIS, *Dict. des Etiquettes de la Cour*, t. I, 197.

(2) BESONGNE, *Etat de France*, t. I, 169.

(3) *Dict. des Etiquettes*, I. 100.

(4) Elles ne s'en plaignaient pas outre mesure, si nous en croyons ce qui nous est rapporté par un historiographe. « La

ler leur misère en public, alors que la moindre bourgeoise ou femme du peuple avait le pouvoir de se soustraire à une malveillante ou malsaine curiosité.

duchesse de Bourgogne, relate le Dr Robert MULLERHEM (*Die Wochenstube in der Kunst*; Stuttgart, 1904), prenait un tel plaisir à ces réceptions, qu'elle ne quitta pas son lit durant tout le cours de sa grossesse ; ce qui, ajoute-t-il, n'empêcha pas cette princesse, dont les grâces et l'esprit faisaient l'agrément de la Cour, de donner, dans sa chambre, pendant ce laps de temps, des bals brillants et des soirées pleines de gaieté et d'entrain. »

ler leur misère en public, alors que le moindre bourgeoise ou fermière du peuple avait le pouvoir de se
constituer à une [illegible]

[illegible] le Dr Robert [illegible]

NOURRICES ÉGYPTIENNES.
(Bas-relief relatif à la naissance d'Aménophis III.)

CHAPITRE QUATRIÈME

MÈRES ET REMPLAÇANTES

La mère nourrira-t-elle son enfant ? Le confiera-t-elle à une nourrice ?

Dans les premiers siècles, l'allaitement maternel était la règle. On ne trouve, au dire de Plutarque, « aucune trace de cette indigne pratique de louer des nourrices et de sacrifier de tendres victimes à la cupidité et à l'avarice de mères empruntées. La nature, en remplissant de lait le sein des mères, montre qu'elles doivent elles-mêmes nourrir l'enfant qu'elles viennent de mettre au monde ».

Chez les Hébreux, on n'avait recours à la « remplaçante », qu'en cas de mort de la mère, ou de maladie entravant l'allaitement.

Une mère qui refusait d'allaiter son enfant passait pour une « cruelle ». Non seulement chaque mère donnait avec empressement le sein à son enfant, mais elle s'y consacrait entièrement, comme à l'accomplissement d'une noble mission. La Bible parle, il est vrai, d'une nourrice autre que la mère (*menecket*) : notre hébraïsant confrère Schapiro (1) présume qu'il s'agit, en l'espèce, d'une *nourrice sèche*, chargée d'élever le nourrisson.

C'était, d'ordinaire, une esclave, qui restait attachée à la personne de son nourrisson pendant toute sa vie. Plus tard, cette coutume, si secourable à l'enfant, peu à peu se perdra, et la mère, surtout dans les classes riches, s'affranchissant de l'obligation d'allaiter elle-même, prendra une nourrice.

L'allaitement se prolongeait jusqu'à l'âge de 4 ou 5 ans ; on le réduisit ensuite à 2 ans, puis à 18 mois.

Dans l'ancienne Egypte, l'allaitement maternel aurait été à peu près général, si l'on s'en rapporte aux monuments et aux bas-reliefs, qui nous montrent les mères allaitant leurs enfants, et les portant sur leur dos ou leurs épaules. Les femmes du harem

(1) *Obstétrique des anciens Hébreux* (Paris, Champion, 1904.)

pouvaient, seules, se permettre de confier leur progéniture à des mercenaires ou à des esclaves.

La fonction de nourrice princière était des plus recherchées, et la « grande nourrice », en particulier celle qui donnait à téter « au jeune dieu », était un personnage de marque, invitée à toutes les cérémonies officielles et au couronnement du roi.

Le terme de « nourrice » s'appliquait même au gouverneur du prince, chargé de lui fournir la nourriture intellectuelle, et plus d'un savant en vue était fier de pouvoir inscrire parmi ses titres celui de « nourrice royale ».

Si, dans les familles riches et aisées, l'usage de la nourrice semble avoir été courant, les femmes du peuple devaient également avoir recours aux offices d'une remplaçante, ainsi qu'en témoigne un texte babylonien, datant de 2.000 ans avant J.-C. (1).

Hammourabi, qui édicta des lois restées fameuses, paraît avoir été un zélé protecteur de la première enfance.

Si quelqu'un, dit-il, confie son enfant à une nourrice, et si l'enfant meurt entre ses mains, alors que cette nourrice aura élevé un autre enfant, sans avoir averti le père ou la mère, cette nourrice devra être poursuivie pour avoir élevé un autre enfant, sans en avoir averti le père ou la mère, et on lui arrachera les seins.

(1) *Presse médicale*, 22 juin 1910.

La durée de l'allaitement, plus longue que de nos jours, était habituellement de trois ans, ainsi que l'établissent les formules qui nous renseignent sur les antécédents de certains grands personnages :

Tu vins au monde après que ta mère t'eut porté tant de mois, et son sein fut, pendant trois années, dans ta bouche.

En Grèce, à l'époque homérique, la mère ne se décharge de sa fonction naturelle que dans des circonstances exceptionnelles : Hécube nourrit Hector, Andromaque donne le sein à Astyanax, Pénélope à Télémaque. Cependant Euryclée, la fidèle nourrice d'Ulysse, l'élève avec la tendresse d'une mère et est la première à le reconnaître, quand il revient à Ithaque déguisé en mendiant. Dans les drames d'Euripide, l'héroïne prend souvent pour confidente sa nourrice.

Une des lois de Lycurgue ordonnait aux mères spartiates de nourrir leur enfant ; pour montrer à quel point ils considéraient l'allaitement maternel, les Lacédémoniens élurent, des deux fils de Thomiste, le cadet, parce que, seul, il avait été élevé par sa mère ; mais, avec le développement du bien-être, on devait se relâcher de cette rigueur.

A Athènes, au temps de Périclès et de Démosthène, les parents aisés faisaient venir de Sparte des femmes, parfois de bonne famille, qui, à la suite de revers de fortune, acceptaient cette situation peu honorables, car les nourrices ne jouissaient que d'une médiocre considération ; seule, la misère excusait ce métier « abject » ; de plus, le salaire était minime, ce qui montre le peu de cas qu'on en faisait.

Elles ne nourrissaient que rarement au domicile des parents ; elles emmenaient de préférence le nourrisson chez elles.

Alors, comme de nos jours, on se préoccupait de trouver des nourrices douces, sobres et parlant un pur langage. Les nourrices grecques étaient, le plus souvent, ignorantes, autant que négligentes et indélicates. Elles étaient, de plus, gourmandes, s'appropriant la nourriture de l'enfant quand il était plus âgé.

L'allaitement ne dépassait guère deux ans. Outre la nourrice qui donnait le sein, il y avait celle chargée de porter et d'amuser l'enfant, et qui était toujours de basse condition.

Les bonnes nourrices se rencontraient dans le monde bourgeois, aussi bien que dans les milieux plus riches, puisque, après leur mort, il en fut à qui on éleva des statues. Mais combien rares celles-là ; que de reproches la plupart s'attiraient, par la façon dont elles accomplissaient leur fonction !

On se plaint — déjà — qu'elles ne donnent à

leur nourrisson que la moitié de la nourriture qui lui est nécessaire ; qu'elles ne savent pas distinguer la signification de ses cris. Aristophane, dans sa comédie *Les Chevaliers* (acte II, scène II), a fait de la nourrice de son temps un tableau qui n'a rien perdu de son coloris. « L'enfant a-t-il faim, la nourrice le couche ; soif, elle le met au bain ; sommeil, elle choisit ce moment pour agiter à ses oreilles des crotales. » La sottise des contes de nourrices est restée proverbiale.

A Rome, la coutume était que la mère allaitât son enfant, jusqu'au jour où le luxe, introduit par l'effet des conquêtes, amena l'usage des nourrices à gages.

Dans les dernières années de la République, c'était une preuve assurée de pauvreté dans une maison, que de voir une mère nourrir elle-même son enfant. Il fallait être Caton pour ne pas permettre à sa femme de se soustraire à ce devoir, et pour exiger qu'elle donnât le sein aux enfants de ses esclaves, « afin que la communauté de cette éducation première les attachât davantage à leurs jeunes maîtres ».

Si l'épouse d'Auguste nourrit ses enfants, si celle de l'empereur Théodose suivit cet exemple, d'autres empereurs, Octave, Néron, Caïus Caligula, Tibère, durent se contenter d'un lait étranger.

J.-J. ROUSSEAU.

L'apôtre de l'allaitement maternel au XVIIIe siècle.

Les historiens n'ont pas manqué de noter que l'ivrognerie de Caligula et la cruauté de Tibère venaient de leurs nourrices. On était persuadé que le caractère des nourrices se communiquait aux nourrissons, qui sucent avec le lait les principes de la vertu, comme aussi des vices et des passions mauvaises. Mais quel lait pouvaient donner des femmes qui, à entendre Plaute, « ont besoin d'avoir une outre de vin vieux toujours pleine, pour boire la nuit et le jour... Il faut du bois, il faut du charbon, il faut de l'huile, de la farine pour l'enfant... Tous les jours il faut quelque chose ». Au lieu de soigner au logis les enfançons qui tettent, les nourrices les apportent au spectacle, au risque de les faire mourir de froid.

Des voix éloquentes s'élevaient, de temps à autre, contre l'usage des nourrices, alors universel ou à peu près dans les classes riches. On cite toujours J.-J. Rousseau, mais combien de précurseurs ne lui découvre-t-on pas, jusque dans l'antiquité !

Aulu-Gelle, qui vivait dans le second siècle de notre ère, a conté son entretien avec le philosophe Favorinus qui, en sa présence, s'éleva avec une rare vigueur contre la coutume de l'allaitement étranger.

La scène se passe « chez un homme de race sénatoriale, de famille très noble ». Favorinus rencontre le père du nouveau-né, l'embrasse, le félicite et demande comment l'accouchement s'est passé, s'il a été long et laborieux. On lui répond que la jeune mère est encore fatiguée par les souffrances et les veilles, et qu'elle prend quelque repos. « Je ne doute pas, s'écrie le philosophe, qu'elle ne soit dans l'intention de nourrir son fils de son propre lait ? N'est-ce pas contre la nature, n'est-ce pas remplir imparfaitement et à demi le rôle de mère, que d'éloigner aussitôt l'enfant qu'on vient de mettre au monde ? Croit-on que la nature ait donné aux femmes ces globes gracieux pour orner leur poitrine et non pour nourrir leurs enfants ? Dessécher, tarir ces sources si saintes du corps, « au risque de corrompre le lait, en le détournant », c'est « agir avec cette même démence que ces femmes qui détruisent par une faute criminelle le fruit qu'elles portent dans leur sein, de crainte que leur ventre ne se ride et ne se fatigue par le poids de la gestation. » Peu importe, dira-t-on, qui lui donne la nourriture qui lui est nécessaire, qu'importe le sein dont il reçoit ce bienfait ? Sans doute, si l'on s'est assuré que la nourrice n'est pas « de mœurs serviles, ce qui arrive le plus souvent » ; qu'elle n'est point méchante, difforme, impudique, adonnée au vin » : car, la plupart du temps, c'est au hasard que l'on prend la première femme qui a du lait. Souffrirons-nous donc que cet enfant, qui est le nôtre, soit infecté de ce poison con-

UNE CHAMBRE D'ACCOUCHÉE EN HOLLANDE, AU XVIIIe SIÈCLE.
(D'après une estampe du temps.)

LA VIERGE ET L'ENFANT JÉSUS.
(D'après ALBERT DÜRER, 1520.)

tagieux ? Souffrirons-nous que son corps et son âme sucent une âme et un corps dépravés ? ... Rien ne contribue plus à former les mœurs que le caractère et le lait de la nourrice ; ce lait qui, participant, dès le principe, des éléments physiques du père, forme aussi cette nature jeune et tendre d'après l'âme et le corps de la mère, son modèle. » Une autre considération à ne pas négliger, c'est que « les femmes qui délaissent leurs enfants, qui les éloignent de leur sein et les livrent à des nourrices étrangères, brisent ou du moins affaiblissent et relâchent ce lien sympathique d'esprit et d'amour par lequel la nature unit les enfants aux parents... Le souvenir de l'enfant abandonné à une nourrice s'efface aussi vite que le souvenir de l'enfant qui n'est plus ; de son côté, l'enfant porte son affection, son amour, toute sa tendresse sur celle qui le nourrit, et sa mère ne lui inspire ni plus de sentiments, ni plus de regrets que si elle l'avait exposé. » Ainsi s'exprima Favorinus (1), sans parvenir à convaincre, vraisemblablement, ceux à qui il s'adressait ; mais le philosophe ami d'Aulu-Gelle n'en a pas moins eu le mérite d'avoir exposé des idées parfaitement morales, et dont les mères de notre époque peuvent encore faire leur profit.

Que de siècles s'écouleront avant que les conseils de Favorinus soient suivis. Au moyen âge, duchesses

(1) Cf. Ménard, *Vie privée des Anciens*, t. II, 88 et s.

et châtelaines recourent à une « remplaçante », et l'on cite comme une exception la mère de Godefroy de Bouillon, qui eut à cœur de nourrir son fils de son propre lait. Cette rude chrétienne ne permit pas que son enfant prît le lait d'une nourrice autre qu'elle-même, s'écriant qu'une telle nourriture le « dénaturerait ». Or, il arriva un jour que le petit Godefroy s'éveilla en jetant de grands cris et que pour le calmer, une « damoiselle » lui donna le sein. « La mère s'en aperçoit ; elle devient noire comme cendres, le cœur lui chancelle, elle est forcée de s'asseoir. Mais vite elle se relève, elle bondit comme une lionne, se précipite sur son enfant, l'arrache à la nourrice, l'étend sur une table et lui fait rendre le lait étranger, le lait qu'il vient de prendre. Ce n'est qu'une gorgée sans doute, mais enfin qui n'était pas de sa substance (1). » Le même trait a été attribué à d'autres personnages, notamment à Blanche de Castille, mais la critique moderne a réduit à néant cette légende.

Aux premiers siècles de la monarchie franque, l'allaitement maternel semble pendant quelque temps avoir été remis en honneur, mais on manque à cet égard de renseignements précis. Au quatorzième siècle, un auteur fait le reproche aux femmes de ne pas allaiter leurs enfants, comme a fait la sainte Vierge, « et cela par un attachement mon-

(1) Léon Gautier, *La Chevalerie*, 119-120.

dain à la beauté de leurs seins, ce qui touchait fort peu la mère du Sauveur (1). »

Cent ans s'écoulent sans que les mœurs se soient à cet égard modifiées. Une nourrice à gages donne son lait le plus souvent en rechignant et presque toujours de mauvaise humeur. — « Où est votre enfant ? demande un visiteur à une jeune mère. — Dans la chambre à côté. — Dans la cuisine ? — Mauvais plaisant, il est avec sa nourrice. — De quelle nourrice parlez-vous ; en est-il une autre que la mère ? — Que voulez-vous ! c'est l'usage. — Mauvaise autorité que vous invoquez-là ! Les libertins, les ivrognes, tous les fous et tous les pécheurs n'en invoquent pas d'autre. — On a pensé qu'il fallait ménager ma jeunesse encore faible. — Si la nature vous a donné des forces pour mettre au monde un enfant, elle vous en a donné pour le nourrir. » Et le colloque rapporté par Erasme pourrait longtemps se poursuivre. Qu'y faire ? C'était l'usage. Il faut lire, dans les lettres de la reine de Navarre, le récit d'un repas au milieu duquel la baillive de Hainaut se met à donner le sein à un nouveau-né : c'est une stupéfaction générale ! On ne lui passe cette « inconvenance » que parce qu'elle est Flamande. En France, le prédicateur

(1) *Histoire des trois Maries*, composée en vers français par Jean de Venette, en 1345, et mise en prose en 1505, par Jean Drouin, qui y a fait plusieurs additions.

Olivier Maillard a beau tonner en chaire contre les mondaines qui se déchargent du devoir maternel, celles-ci résistent à ses objurgations, et cependant quels arguments pour secouer leur indifférence ! « Mesdames, s'écriait-il dans sa langue imagée, si vous étiez de bonnes mères, vous nourririez vos enfants. Il est essentiel qu'ils ne reçoivent d'autre lait que le vôtre. Le païen Aristote nous l'affirme : *nos ex eisdem sumus et nutrimur*. Une chèvre ou une courtisane communiquent à l'enfant quelque chose d'elles-mêmes (1). »

Aux coquettes enragées, qui ne se soustraient à cette obligation que « pour se livrer plus librement au plaisir », pour se jeter plus follement dans le tourbillon des vanités mondaines, Maillard ne se lasse d'opposer un exemple illustre : « La mère de saint Bernard était une comtesse. Elle eut six enfants, qu'elle nourrit et allaita tous » (2). *Et nunc*, concluait-il, *dominæ burgenses, intelligite !* Mais les « dames bourgeoises » ne prêtaient qu'une oreille distraite à ces objurgations....

A la Renaissance, le cri du lait qu'on vend pour l'allaitement artificiel vient s'ajouter chaque matin aux cris divers qui retentissent dans les rues de

(1) *Sermones Adv.*, f° 105, col. 1.

(2) *Id.*, f° 108, col. 1 ; *Quadrag.*, f° 81, col. 3. (*Olivier Maillard, sa prédication et son temps*, par l'abbé Alex. SAMOUILLAN ; Paris, 1891, 318).

LE RETOUR DU BAPTÊME.

(D'après une estampe d'ABRAHAM BOSSE, *XVIIe siècle.*)

Paris. Bourgeoises comme châtelaines envoient leurs enfants en nourrice, et il existe, pour répondre à ce besoin, une industrie agricole d'élevage humain très florissante, mais un peu aléatoire pour ceux qui s'y livrent, car il arrive parfois que des enfants ne leur sont pas réclamés par leurs parents et leur restent pour compte.

Il est rare que la nourrice soit acceptée dans la famille et occupe jusqu'à la fin de ses jours une situation privilégiée. Si quelque mari veut encourager sa femme à allaiter elle-même son enfant, il se trouve toujours quelque ami du couple pour lui en faire honte : ne voit-il pas comme sa femme est épuisée ? C'est à coup sûr pour esquiver les frais de nourrice ; a-t-on idée d'une avarice aussi sordide ? Et le malheureux époux baisse la tête et ne souffle mot. Sur mille mères dénaturées qui, pour conserver leur beauté et « frescheté », et aussi parce que ce n'est pas la coutume, se refusent à donner le sein à leurs enfants, à peine en est-il une qui consente à nourrir elle-même, comme cette femme d'un pasteur protestant qui a mis son premier enfant en nourrice, mais qui, au second, revenue à des sentiments meilleurs, nourrit elle-même le dernier-né, malgré une enflure du sein, « qui lui fait jeter les hauts cris toute la nuit... et pleurer à chaudes larmes » (1).

(1) Paul de Félice, *Les Protestants d'autrefois* : Education Instruction. (Paris, 1900).

A tout prendre, cela n'est-il pas préférable que de changer à tout instant de nourrice à la moindre incommodité de l'enfançon, comme il arrivait en dépit de toutes les précautions ?

Voyez Mme de Sévigné « dans tout le feu et toute l'autorité de son rôle de grand'maman. » Sa fille, Pauline de Grignan, lui a confié son rejeton en partant pour la Provence, et celui-ci dépérit. Aussitôt elle en mande des nouvelles à la mère : toutes les alarmes de la bonne grand'mère se trahissent dans cette épître :

Je la trouvais pâle ces jours passés. Je trouvai que jamais les ... (pourquoi le mot de seins lui répugne-t-il?) de sa nourrice ne s'enfuyaient; la fantaisie me prit de croire qu'elle n'avait pas assez de lait. J'envoyai quérir Pecquet (le médecin), qui trouva que j'étais fort habile, et me dit qu'il fallait voir encore quelques jours. Il revint au bout de deux ou trois ; il trouva que la petite diminuait. Je vais chez Mme du Puy-du-Fou : elle vient ici ; elle trouve la même chose ; mais parce qu'elle ne conclut jamais, elle dit qu'il fallait voir. « Et quoi voir, lui dis-je, madame ? » Je trouve par hasard une femme de Sucy qui me dit qu'elle connaissait une nourrice admirable. Je l'ai fait venir; ce fut samedi. Dimanche, j'allai chez Mme de Bournonville lui dire le déplaisir que j'avais d'être obligée de lui rendre sa jolie nourrice. M. Pecquet était avec moi, qui dit l'état de l'enfant. L'après-dinée, une demoiselle de Mme de Bournonville vint au logis, et sans rien dire du sujet de sa venue, elle prie la nourrice de venir faire un tour chez Mme de Bournonville. Elle y va, on l'emmène le soir. On lui dit qu'elle ne retournerait plus; elle se désespère. Le lendemain, je lui envoie dix louis d'or pour quatre mois et demi. Voilà qui est fait. Je fus chez Mme du Puy-du-Fou, qui m'approuva, et pour la petite, je la mis dès dimanche entre les mains de l'autre nourrice. Ce fut un plaisir de la voir téter, elle n'avait jamais tété de cette sorte. Sa nourrice avait peu de lait; celle-ci en a comme une vache. C'est une bonne paysanne sans façons, de belles dents, des cheveux noirs, un teint hâlé, âgée de vingt-quatre ans; son lait a quatre mois; son enfant est beau comme un ange. Pecquet est ravi de songer que la petite n'a plus besoin; on voyait qu'elle en avait et qu'elle cherchait toujours. J'ai acquis une grande réputation dans cette occasion; je suis du moins comme l'apothicaire de Pourceaugnac, expéditive. Je ne dormais plus en repos de songer que la petite languissait, et du chagrin aussi d'ôter cette jolie femme, qui pour sa personne était à souhait; il ne lui manquait rien que du lait. Je donne à celle-ci deux cent cinquante livres par an, et je l'habillerai; mais ce sera fort modestement. Voilà comme nous disposons de vos affaires.

Veut-on savoir qu'elles étaient, à cette époque, les qualités que devait présenter une bonne nourrice ? Elles sont énumérées ci-dessous :

Prenez-la, dit un auteur du XVIe siècle, intendant des finances et jurisconsulte, qui vivait à Loudun, en Poitou, et qui a écrit un traité pratique de *pédotrophie*, dédié au roi Henri III ; prenez une nourrice, dit Scévole de Sainte-Marthe, « qui ne soit ni jeune ni vieille, qui ne soit point trop grasse, mais aussi qui ne soit pas maigre; qui ait le teint vif, ce qui marque sa vigueur naturelle;

qu'elle ait les bras et le col longs, la poitrine large, les mamelles rondes, qui sortent bien, ne manquent pas de couleur, et jettent en abondance comme une pluye de lait. Mais ce lait il le faut bien choisir, car il y en a de qualitez bien différentes. Celui qui est doux au goût, et le plus blanc, est le meilleur; au contraire, celui qui n'a pas une bonne odeur ne vaut rien, comme aussi celui qui s'attache aux doigts à cause de son épaisseur, ou qui en tombe aussitôt pour être trop fluide. Observez encore que celle que vous voulez prendre pour nourrice ne soit point enceinte; qu'il y ait peu qu'elle soit accouchée, et qu'elle n'ait point fait une fausse couche. Enfin, il faut que dans son esprit et dans sa personne, tout marque de la propreté, et qu'on voye un air de gayeté répandu sur son visage...

Nos pères estimaient qu'une bonne nourrice ne doit pas avoir moins de 25 ans, ni plus de 35.

Il faut qu'elle ait porté son enfant à terme, « la fausse couche étant un témoignage assuré de la mauvaise disposition du corps et des humeurs » (1).

Il est bon qu'elle soit accouchée d'un mâle, parce qu'elle sera plus forte et plus robuste que si elle avait eu une fille. Il est aussi expédient qu'une bonne nourrice ait été grosse deux ou trois fois, « car les mamelles qui ont coutume de s'emplir ont les vaisseaux plus larges et capables de contenir plus de lait ».

(1) Nous nous référons, pour les conditions à remplir par une bonne nourrice, à la *Méthode d'élever les enfans selon les règles de la médecine*, etc., du sieur Guérin, docteur en médecine de la Faculté de Paris (1675) ; nous traduisons seulement en français moderne.

On veillera à ce que la femme qui doit nourrir soit d'une bonne santé habituelle : elle doit avoir ni gales, ni ulcères, qui sont des signes indubitables d'un sang vicieux, et par conséquent d'un mauvais lait.

Elle ne devra pas loucher, parce que l'enfant, ayant « les yeux tendres et flexibles », prendrait l'habitude de regarder de la même manière.

Elle aura le visage frais, bien coloré, exempt de pustules, « qui marquent un sang âcre et pétillant ». On choisira, de préférence, une brune, plutôt qu'une blonde ou une rousse.

Francesco Barberino, un notaire ami de Boccace, a exposé les conditions que doit remplir une bonne nourrice ; elles ne diffèrent pas sensiblement des précédentes : « Qu'elle ait de 25 à 30 ans ; qu'elle ressemble autant que possible à la mère ; que son teint soit clair, son encolure forte, sa poitrine ample, sa chair ferme, son haleine saine ; qu'elle soit plutôt grasse que maigre ; qu'elle ait les mamelles développées, mais sans exagération, et les dents bien propres. » Qu'elle ne soit, ajoute-t-il, « ni hautaine, ni colère, ni mélancolique, ni folle, ni trop paresseuse ». Et surtout qu'elle ne soit pas rousse ! Longtemps on eut de la prévention contre les rousseaux. Un siècle plus tard, Alberti recommandait aux parents de s'assurer que la nourrice ne fût ni épileptique, ni lépreuse (1).

(1) Cf. E. Rodocanachi, *La Femme italienne à la Renaissance.*

Une bonne nourrice aura la poitrine large et carrée, sans toutefois être trop grasse. Pour ce qui regarde les mamelles, « elle ne doit point les avoir pendantes, mais d'une juste grandeur, accompagnée d'un peu de fermeté. en sorte qu'elles contiennent beaucoup de lait. » Si les mamelles sont trop dures, « elles pressent le nez de l'enfant et l'obligent à les quitter, par le dégoût qu'il en a ; ou lui écachent le nez et le rendent camus, si la faim le contraint à tetter, malgré le mal qu'il en peut ressentir ; si le bout des mamelles est enfoncé, l'enfant ne le peut tenir à sa bouche et le sucer qu'avec beaucoup de peine ; s'il est trop gros, il lui emplit la bouche et l'empêche de se servir de sa langue pour sucer et pour avaler. » On demandait encore à la femme qui allait être nourrice, d'être chaste, compatissante ; d'aimer l'enfant qu'on lui confiait ; de ne pas se mettre en colère ; d'être toujours propre.

> Qu'elle ne soit ne sote ne nice,
> Mais ait bon pis, soit liée et gaie,
> Jeune, jolie et si resgaie
> Que son lait sur l'ongle se tiengne
> Et ne soit vert, et ja n'aviengne (1).

(1) « Une bonne nourrice doit avoir un lait qui soit blanc, de bonne odeur et de consistance médiocre, en sorte qu'en mettant une goutte sur l'ongle, elle ne coule point tant que l'ongle sera en repos, et coule doucement quand l'ongle sera

Que son lait ait un an passé,
Car l'enfant en seroit cassé
Et en vaudroit pis durement.
Se masle a eu certainement,
Mieulx vault son lait que de femelle;
Encore se nourrice est belle,
Cointe, jolie et bien apperte,
Tant en vauldra mieux la desserte,
Et l'enfant qu'elle nourrira
Assez mieulx en adviendera,
Que de vieille, grosse et pesant.
Tels nourrices font à l'enfant
Moult de maulx par leur nourriture (1).

Les accidents que cause à l'enfant le mauvais lait de sa nourrice sont exposés en détail dans l'ouvrage dont nous avons tiré les précédentes indications ; de même il nous renseigne sur le régime de vivre que doit suivre une nourrice.

Ses aliments ordinaires seront, avec le pain, « fait de pure fleur de blé, qui soit bien levé et bien cuit », de chair de veau, de mouton et de volailles, plutôt bouillies que rôties ; quelques fruits d'automne,

remué de sa place. Toutefois, celui qui est séreux vaut mieux que celui qui est épais, parce qu'étant pris en grande quantité, il nourrit médiocrement et ne lâche le ventre que les premières fois ; au lieu que celui qui est épais se caille, fait obstruction et ainsi ne nourrit presque point, quoiqu'en lui-même il soit fort nourrissant ».

(1) *Le Miroir de Mariage*, par Eust. Deschamps (seconde moitié du XIVe siècle).

comme figues, raisins, pommes et poires. Les substances salées, les épices, les fruits d'été ne valent rien.

La femme qui nourrit ne boira pas d'eau avec excès et ne mangera point de bœuf, de pourceau, de légumes, de fromages, ni d'œufs durs, « qui font un it trop épais ». On lui permettra un peu de vin, pour aider à la digestion ; ou, si elle le préfère, de la bière, « qui ne soit ni trouble ni aigre et dont l'usage lui fera venir quantité de lait ». Pas de cidre ni de poiré, qui lâchent le ventre, ou produisent un lait aqueux et indigeste, capable de causer des tranchées à l'enfant. La nourrice n'aura aucun commerce avec son mari, « de peur que son lait ne soit de mauvaise odeur, qu'elle n'ait ses ordinaires, ou qu'elle ne devienne grosse, au grand préjudice de son nourrisson, qui perdrait autant de bon lait, que l'enfant qu'elle concevrait attirerait de bon sang pour sa nourriture et son accroissement ».

Cependant la nourrice peut ou devenir enceinte, ou tomber malade, ou manquer de lait. Il faudra, dans ces cas, en prendre une nouvelle. « Il sera à propos que cette nouvelle nourrice lui donne (au nourrisson) à tetter tacitement dans un lieu obscur, jusqu'à ce qu'elle lui soit devenue familière ; que si, malgré son silence et l'obscurité du lieu, l'enfant ne veut point de son lait, elle mettra quelque peu de sucre en poudre au bout de sa mamelle, et lui présentera à la bouche tant de fois qu'enfin elle la retienne ; ou lui fera rejaillir de son lait sur la bouche, jusqu'à tant que sa douceur le gagne, et lui en fasse avaler ».

A ceux qui pouvaient s'en permettre le luxe, il était conseillé de prendre plusieurs nourrices. Soranus d'Ephèse, qui donne ce conseil, n'était pas partisan de l'allaitement par la mère. « Une femme qui allaite, disait-il, vieillit avant le temps ; elle ne prend d'aliments que pour une et donne ce qui est nécessaire à l'alimentation de l'enfant : il en résulte que la masse de son propre corps est bien moins nourrie ; aussi est-il préférable, pour elle, qu'elle suspende cette fonction, rétablisse ses forces et fasse des enfants. » Cette succion quotidienne ne pouvait qu'épuiser celle qui en était l'objet. Souvent les abcès, les tumeurs, les cancers des mamelles n'ont pas d'autre cause ; d'ailleurs, ajoute notre auteur, les enfants sont plus robustes s'ils sont nourris par une autre femme que leur mère.

La nourrice doit se soumettre à un régime particulier. Le bain lui est défendu, car il rend le lait aqueux ; mais de fréquentes onctions entretiennent la peau en bon état.

Afin de favoriser la sécrétion lactée, Soranus engage les nourrices à exercer particulièrement les parties supérieures du corps : le jeu de boules, les haltères, l'acte même de faire des lits, en obligeant à se courber, sont excellents. D'autres ne voient qu'avantage à ce qu'elles aillent se promener le matin, pour favoriser leur digestion, et qu'elles montent, si possible, à cheval.

L'alimentation, au début de l'allaitement, sera très légère, afin que le lait ne devienne trop épais et que l'enfant, « dont le gosier est étroit », n'ait pas de difficulté à avaler. Quand il se fortifiera, la nourrice pourra se permettre une nourriture plus confortable : potages au gras, œufs, poissons, porc, lièvre, cerf, etc.

Si la sécrétion du lait diminuait ou était altérée, ou encore que le lait devînt trop gras, on confiait l'enfant à une autre nourrice ; non sans s'être assuré qu'il ne s'agissait pas d'une affection locale dont la guérison s'obtenait par des moyens qui nous font un peu sourire aujourd'hui : la déclamation, les distractions de toute sorte, des succions sur les mamelons, des aromates et des mamelles d'animaux, qu'on mangeait au moment des repas : de l'opothérapie avant la lettre ! De plus, on brûlait, dans la chambre de la nourrice, des hiboux, des chauves-souris, et l'on recouvrait les seins de la cendre de ces animaux.

Le lait était-il trop clair, on faisait manger à la nourrice de la bouillie de farine ou d'épeautre, avec des œufs mollets, des fruits du *pinus pinea,* des pieds de cochon de lait, dont la chair visqueuse rendait le lait plus consistant.

L'examen du lait était pratiqué avec le plus grand

soin, du moins avec les moyens dont on disposait alors.

Pour être de bonne qualité, le lait devait être blanc et non bleuâtre, ne pas ressembler à du plâtre, être faiblement acide et se coaguler peu.

La répartition des tétées n'était pas réglementée : ou bien l'on donnait le sein à l'enfant toutes les fois qu'il pleurait ; ou l'on cherchait à connaître le motif de ses pleurs. Si l'enfant pleure ou crie, c'est qu'il a chaud ou froid, qu'il est serré dans ses bandes, que quelque épingle le pique, que ses immondices l'écorchent, qu'il a peur ou qu'il a faim (1).

Si, en pleurant, il remue les lèvres, ouvre la bouche ou cherche à saisir le sein avec ses doigts, c'est signe qu'il a faim. Mais, remarque Soranus, il faut « qu'un long espace de temps se soit écoulé depuis qu'il a tété pour la dernière fois, car une nouvelle quantité de lait, donnée avant que la précédente n'ait été digérée, pourrait devenir mauvaise, la première étant acidifiée ».

Après le repas, on posera l'enfant sur un coussin, afin de lui éviter des mouvements susceptibles de troubler sa digestion, ou de le faire vomir.

L'alimentation exclusivement lactée était pratiquée, jusqu'au moment où le nourrisson était devenu ferme (au quarantième jour environ) : à ce

(1) Guérin, *op. cit.*, ch. XVIII.

moment, on pouvait l'alimenter davantage, mais on attendait le plus souvent le sixième mois pour lui donner des farineux, de la mie de pain ramollie dans de l'eau miellée, dans du lait ou dans du vin également miellé.

Le sevrage ne devra être conseillé avant que l'enfant ait 2 ans ; il doit être effectué d'une manière progressive ; il sera toujours pratiqué au printemps ; les filles seront sevrées six mois plus tard que les garçons. Si, après le sevrage, l'enfant tombait malade, on le remettrait au sein jusqu'à sa guérison (1).

Dès qu'on les retirait de nourrice, il était d'usage qu'on donnât aux enfants des petits fauteuils de paille ou de jonc où on les faisait asseoir.

Un praticien du dix-huitième siècle (2) s'élève formellement contre cet usage.

Ces petits fauteuils sont enfoncés dans le milieu du siège... L'on assied les enfans dans ces fauteuils, et l'on commence ainsi, dès leurs tendres années, à leur corrompre peu à peu la taille. Il faut leur donner des fauteuils

(1) GUÉRIN a précisé, très minutieusement, l'époque à laquelle il faut sevrer l'enfant, suivant sa condition individuelle (v. le ch. XXI de son livre), et indiqué les aliments qui conviennent à l'enfant quand il est sevré (ch. XXII) ; ce dernier chapitre abonde en détails pittoresques.

(2) Nicolas ANDRY, *Orthopédie* (1741) ; cf. *Presse Médicale*, 19 oct. 1910.

LA MÈRE ALLAITANT SON NOUVEAU-NÉ.
(D'après la peinture de MIERIS LE VIEUX; *Ecole Hollandaise.*)

ou des chaises dont le siège soit fait d'une planchette de bois bien uni.

On doit également éviter « l'emploi » de ces roulettes où l'on a coutume de mettre les enfans, pour les empêcher de tomber et pour s'épargner la peine d'être toujours auprès d'eux. Ces roulettes ont des accoudoirs très hauts, sur lesquels s'appuyent les enfans, et qui leur font tout de même lever les épaules ».

Andry condamne la coutume des coups de férule sur les mains des enfants, « châtiment extrêmement dangereux ». Il proteste avec non moins d'énergie contre les nourrices qui gâtent « l'esprit des enfants par les peurs ridicules qu'elles leur font ».

Sans parler des loups-garous, des revenans, des sorciers, et de cent autres sujets semblables, dont on les entretient tous les jours mal-à-propos, ou dont on s'entretient en leur présence (ce qui n'est pas moins imprudent), que n'aurais-je point à dire de la crainte qu'on leur inspire du tonnerre ?...

Le même auteur consacre à l'étude des dents un long chapitre, dont bien des remarques, ainsi que le fait justement observer le professeur René Cruchet de (Bordeaux), sont encore d'actualité. Ainsi conseille-t-il de laver les dents aux enfants chaque matin, et de ne pas négliger de les relaver après les repas ; plus de cure-dents de plume, trop durs et qui accélèrent la carie dentaire.

A propos des écrouelles, Andry conseille de ne pas prendre une nourrice qui les ait eues ; il observe en passant que, chez les enfants morts de cette maladie, « les glandes du mésentère sont toujours gonflées » ; il note le rapport qui existe fréquemment, chez l'enfant, entre les lèvres béantes et l'obstruction nasale, donne contre le bégaiement, le bredouillement, le zézaiement et autres troubles analogues de la parole, nombre de conseils pratiques, étayés d'exemples choisis ; il nous apprend enfin que, de son temps, on citait déjà des sourds-muets qui parlaient et pouvaient répondre en regardant les lèvres de ceux qui leur adressaient la parole.

Nous nous sommes laissé entraîner à dépasser les limites de notre cadre, nous revenons à la question sans autre formule de transition. Nous avons cité le poème latin de Scévole de Sainte-Marthe, au seizième siècle, comme un plaidoyer en faveur de l'allaitement maternel ; nous aurions pu rappeler qu'un grand parlementaire de la même époque, le célèbre Michel de L'Hospital (1505-1573), qui taquina la muse à ses heures perdues, ne dédaigna pas, lui non plus, d'aborder un sujet qui sortait un peu de ses attributions.

Mme de Genlis a signalé un *Traité de la Paresse*, « ouvrage d'un vieux style, sans nom d'auteur, qui contient de fort bonnes choses sur le devoir des mères d'allaiter leurs enfants. » Tous ces écrits restèrent à peu près sans effet : Jean-Jacques n'avait pas encore entrepris sa croisade. La preuve en est dans cette anecdote relatée dans la *Correspondance de Métra :* « Le roi, écrit le nouvelliste, a fait un très beau présent à Mme la comtesse d'Artois, dont on soupçonne la grossesse. En se levant, cette princesse trouva sur sa cheminée quatre figures de porcelaine de la manufacture de Sèvres, de la plus grande beauté. L'une représente une femme qui berce un enfant ; une autre lui donne à tetter ; la troisième le porte sur ses bras ; il est mené à la lisière par la quatrième. On dit que Mme la comtesse d'Artois veut nourrir elle-même son enfant, parce qu'elle a cru apercevoir les intentions du roi dans la seconde figure. Si cette heureuse révolution arrive, le métier de nourrice ne vaudra plus rien » (1). C'était anticiper sur une réforme à la veille de s'accomplir, mais que la mode n'avait pas encore imposée. En attendant, les nourrices continuaient à être exigeantes... et bien payées.

Veut-on savoir combien recevait une nourrice au bon vieux temps ? En Italie, les gages des nourrices libres — car on employait assez volontiers des esclaves nègres pour nourrir et on les affranchissait

(1) *Correspondance secrète*, t. I, 123.

en compensation de leur lait, — les gages des nourrices, disons-nous, étaient, au XIVe siècle, de six à seize florins d'or par an, plus la nourriture. Un peu plus tard, on leur donnera trois florins environ par mois et un cadeau à l'époque du sevrage.

A la fin du XIIIe siècle, d'après des mémoires écrits en 1298, un bourgeois italien eut à payer 50 solidi par mois à la femme chez laquelle il avait mis ses enfants en nourrice ; il dut, en outre, lui fournir une layette, composée d'un berceau, d'un mantelet bleu, garni de seize boutons d'argent, d'une robe de couleur, de cinq langes, cinq pièces de laine, quatorze pièces de lin, une couchette de plumes, deux oreillers avec leurs taies.

En 1380, les parents paient à la nourrice 50 solidi par mois ; deux florins, quand ils vont lui rendre visite : la valeur approximative du florin était de 11 à 12 francs. En 1561, « pour nourrir et alimenter, tant de mamelle qu'autrement (c'est-à-dire au biberon) » un petit enfant, la nourrice reçoit par mois une somme de 50 sols tournois.

Aux nourrices de l'Hôtel-Dieu de Paris, il n'était alloué que 45 francs par mois, sous Louis XII ; celle d'un bourgeois d'Angers avait 110 francs ; tandis que la nourrice d'une princesse recevait 500 francs.

Le sein qui avait alimenté un frère de Philippe le Bel était appointé à 9 francs par jour, allaitement

UNE NOURRICE AU XVIIe SIÈCLE.

exceptionnellement coûteux, puisqu'il faisait ressortir le traitement annuel à pas moins de 3.285 fr. (1). La nourrice de Louis XIII ne recevait que 1.800 livres par an (2).

Il nous reste à dire quelques mots d'une institution du passé qui revit sous une forme quelque peu différente à l'époque présente.

Les premiers *bureaux de placement pour nourrices* furent des sortes d'hôtelleries, où les femmes de la campagne en quête de nourrissons trouvaient, ainsi que les servantes à la recherche d'une condition, le vivre et le couvert. On les accueillait gratuitement à l'hôpital Sainte-Catherine, que dirigeaient les Catherinettes ; quant aux établissements non gratuits, ils étaient tenus par des tenancières, dites *commandaresses* ou *commanderesses*, *recommandaresses* ou *recommanderesses*.

Les « recommandaresses » eurent bientôt pour pourvoyeurs des « meneurs », qui leur amenaient des nourrices de la province ; après en avoir réuni un certain nombre, ils les entassaient dans une charrette, leur faisaient faire en cet équipage le voyage jusqu'à la capitale, puis les reconduisaient de la même manière dans leur village, après qu'elles avaient trouvé un nourrisson.

(1) Nous puisons ce renseignement dans l'ouvrage de M. d'AVENEL, *Paysans et ouvriers depuis sept cents ans*.
(2) *Bulletin d'Autographes*, de Noël CHARAVAY, oct. 1911.

Les « recommandaresses », ainsi nommées parce qu'elles « recommandaient », aux familles qui avaient des nouveau nés à leur confier, les nourrices de province qu'elles faisaient venir à Paris, s'occupaient également du louage des servantes et des chambrières. Une ordonnance du roi Jean, datée de 1350 (30 janvier), indique les rémunérations accordées aux recommandaresses et aux nourrices et fixe leurs devoirs respectifs. Trois siècles plus tard (février 1615), Louis XIII donnait des lettres patentes, confirmant dans tous les droits et privilèges qui leur avaient été accordés, les *quatre* recommandaresses-jurées des servantes et nourrices de la Ville de Paris et faisaient défense à toute personne de s'entremettre dans leur office et d'en augmenter le nombre.

Ainsi, dans une première période, le louage des nourrices est une industrie ouverte à tous, mais surveillée et réglementée comme toutes les industries de cette époque ; dans une seconde période, le privilège est restreint à quatre personnes et constitué en titre d'office.

Une ordonnance royale du 29 janvier 1715, « registrée » au Parlement le 14 février de la même année, édicte la création à Paris de quatre bureaux de nourrices, en même temps que des mesures de police, rendues nécessaires par les abus commis au détriment de la santé des nourrissons.

14 Le Bureau de Nourrices de la Rue Sainte-Appoline, vers 1826
Reproduction d'un dessin inédit d'Opitz.

LE BUREAU DES NOURRICES DE LA RUE SAINTE-APOLLINE, VERS 1826.
(D'après un dessin d'OPITZ.)

Ces agences sont placées sous l'autorité du lieutenant général de police, avec mission de poursuivre sévèrement toute contravention au nouveau règlement ; les délinquantes, recommanderesses ou nourrices, seront passibles d'amende, voire du fouet dans certains cas ; sages-femmes, aubergistes et autres, sont exposés aux mêmes peines, s'ils contreviennent aux mesures édictées.

Quant aux Bureaux, ils avaient été installés : le premier, au *Crucifix Saint-Jacques*, c'est-à-dire Saint-Jacques-de-la-Boucherie, dans le quartier Saint-Merri (la rue du Petit-Crucifix a disparu lors du percement de l'avenue Victoria). Le deuxième bureau fut établi rue de l'Echelle ou Sainct-Louys, en commémoration du roi fondateur de l'hospice des Quinze-Vingts, primitivement fondé dans la région : cette rue occupait alors une partie de l'emplacement de la rue actuelle du même nom, dans le quartier des Tuileries. Le troisième bureau était situé dans le quartier de la Monnaie, la rue des Mauvais-Garçons, au fauxbourg Saint-Germain : cette rue des Mauvais-Garçons, c'est aujourd'hui la rue Grégoire-de-Tours. Quant au quatrième bureau de placement des nourrices, on l'avait édifié dans les parages de la place Maubert, qui a subi depuis d'importantes modifications, imposées à la suite du percement du boulevard Saint-Germain.

Cette organisation de 1715 ne dura que quatorze

ans ; les quatre bureaux de nourrices furent supprimés en 1729 et remplacés par quatre agences de placement, lesquelles furent réunies à leur tour en une seule quarante années plus tard. Deux bureaux se partageaient l'administration de l'agence, dont l'un, celui de la direction, servait d'intermédiaire entre les parents et les nourrices (1) : il envoyait à ceux-là des nouvelles de leurs enfants ; à celles-ci, de l'argent sur la somme qui leur était due (2).

Ces nourrices étaient, en général, mal rétribuées et celles qui emportaient un nourrisson n'obtenaient pas sans peine le paiement de leurs gages.

Le Parlement dut ordonner, par arrêt du 19 juin 1737, que les condamnations prononcées pour non-paiement de gages de nourriture d'enfants, seraient

(1) Aux approches de la Révolution, un particulier reprit le projet d'établir un Bureau de nourrices, sans doute parce que ceux qui existaient ne fonctionnaient plus ou fonctionnaient mal. Ce particulier n'était pas le premier venu : l'*Etat actuel de Paris pour* 1789 (Quartier du Temple) indique, rue Vieille-du-Temple, hôtel de Hollande, où le créateur de Figaro avait gardé des bureaux, un « Projet des mères nourrices, par M. Caron de Beaumarchais et son épouse... (*a*) ». La Comédie-Française voulut bien consentir à consacrer le produit de la 50e représentation de *Mariage de Figaro* à cette œuvre de bienfaisance ; néanmoins, il ne semble pas que le projet si généreux de Beaumarchais ait abouti. (Cf. *Journal de Paris*, 15 août 1783 : Ch. Sellier, *Anciens Hôtels de Paris*, 93-130 ; L. de Loménie, *Beaumarchais et son temps*, etc.).

(2) *Les Nourrices et leurs bureaux de placement parisiens* (1184-1792) ; *la Déclaration du Roy de 1715*, par Emile Rivière **(Paris, 1916).**

E. Gois père inv.t — C. Normand sculp.

L'ALLAITEMENT MATERNEL AU XVIIIe SIÈCLE.
(Dessin de E. Gois père; gravé par C. Normand.)

exécutoires, par la capture des débiteurs faite dans leur propre maison. Il y avait, chaque année, 5 à 600 prisonniers de ce genre, mais des associations charitables se fondèrent, pour venir au secours des délinquants ; en outre, lors des grandes fêtes religieuses et dans toutes les circonstances solennelles, telles que mariages de prince, naissances de dauphin, etc., la municipalité libérait un certain nombre de « *prisonniers pour mois de nourrice* » (1).

Nous avons montré un côté de la médaille, en voici le revers : les parents ne recevaient que de rares ou de fausses nouvelles de leur enfant ; fréquemment, il était mort depuis plusieurs mois, quand ils apprenaient son décès. D'autre part, les nourrices, durant leur séjour à Paris, ne trouvaient, dans les bureaux de recommandaresses, ni soins, ni propreté, ni surveillance ; mal logées, mal couchées, elles se répandaient par les villes, au détriment de leur moralité et de leur santé (2).

En dépit de tous ces désagréments, les dames de qualité, qui désiraient conserver leur taille dans toute sa souplesse et leur gorge dans toute sa blancheur — car l'usage fut, longtemps, de se décolleter assez bas — prenaient une nourrice pour leur enfant.

(1) En 1792, le 25 août, un décret de l'Assemblée législative supprima toute contrainte par corps pour les dettes de mois de nourrices.

(2) *Carnet his. et littéraire*, août 1901.

LES SEVREUSES.
(D'après la peinture de J.-B. GREUZE.)

Elles la cherchaient de forte complexion et d'une humeur enjouée ; mais, en rencontraient-elles à leur convenance, quelles exigences elles avaient à subir !

Bien sait nourrice proposer
Qu'el doit dormir et reposer,
Boire et menger à voulenté,
Affin qu'elle ait lait à planté;
Puis dist qu'on donne à grant randon
Ailleurs à chacusne grand don... (1)

Qu'elle sortît de l'écurie ou qu'elle arrivât de la ferme, où misérablement elle avait vécu, la créature savait son prix : nourriture copieuse, mets choisis, cadeaux fréquents, on a une idée de ce qu'elles pouvaient exiger, par ce qu'elles exigent encore.

Qu'on les eût chez soi, ou qu'elles habitassent au loin, échappant à toute surveillance, elles avaient mêmes exigences.

A parcourir les défenses et prescriptions successivement promulguées, tant dans l'intérêt des enfants que de celui des nourrices, il faut reconnaître que, même sous l'ancien régime, on avait imaginé, pour assurer l'allaitement régulier et le bien-être des nourrissons, toutes les précautions recommandées présentement. Il suffira d'en énumérer quelques-unes, telles que la défense aux recommanda-

(1) *Doctrinal des nouveaux mariés*, in-4 goth.

resses, sous peine d'être attachées au pilori, de louer deux fois dans la même année la même nourrice (1) ; l'interdiction aux nourrices d'élever à la fois deux nourrissons ; l'obligation d'avertir les parents si elles deviennent enceintes, ou s'il survient chez elles d'autres circonstances qui puissent empêcher ou rendre nuisible la nourriture des enfants qui leur sont confiés ; l'interdiction à toutes personnes, notamment aux sages-femmes, de s'ingérer dans les fonctions de recommandaresses (2) ; la défense aux nourrices de mettre coucher leur nourrisson à côté d'elles dans le même lit ; le renouvellement de l'ordre donné aux nourrices d'avertir, sous peine du fouet, des circonstances qui peuvent nuire à la nourriture des enfants, surtout des cas de grossesse, qui doivent être déclarés avant le deuxième mois (3) : la création d'inspecteurs de tournées, qui doivent se transporter dans tous les lieux où il y a des nourrissons de Paris, à l'effet d'y visiter ces nourrissons et d'exécuter tout ce qui est ordonné par le lieutenant général de police (4) ; la prescription aux meneurs d'avoir des charrettes bien closes et bien garnies de paille, avec défense d'y introduire des ballots, paquets ou marchandises autres que les

(1) Ordonnance du roi Jean du 30 janvier 1350.
(2) Déclaration du Roi, du 29 janvier 1715.
(3) Ordonnance de police du 17 juin 1762.
(4) Déclaration du Roi, du 24 juillet 1769.

Théodore TRONCHIN,
un des promoteurs de l'allaitement maternel au XVIIIe siècle.

effets des nourrices et les layettes des nourrissons (1), etc.

Malgré toutes ces prescriptions et proscriptions, force est de reconnaître que l'inconvénient subsistait, résultant de la substitution d'un lait étranger à celui de la mère, et qu'aucun règlement n'avait le pouvoir de le faire disparaître. Il ne fallut rien moins que le cri d'alarme de J.-J. Rousseau, ses appels pressants, l'ardent plaidoyer du philosophe, pour décider ses contemporaines à prêter l'oreille à la voix de la nature.

L'antiquité, la Renaissance, par imitation de l'antiquité, avaient soulevé le problème, le dix-huitième siècle ne faisait que le reprendre. Qu'importe que Rousseau ait eu des précurseurs, depuis Plutarque, « que Jean-Jacques savait par cœur à force de l'avoir lu », en passant par Erasme, Laurent Joubert, Locke, Hecquet, pour arriver à l'abbé Pluche (2), Buffon. Tronchin et Desessartz (3), il n'en reste pas moins que, seul, Rousseau a pu se faire entendre. N'avait-il pas le droit, au surplus, pour étayer son argumentation, justifier sa conviction, de puiser à toutes les sources ? Donc, il

(1) Ordonnance de police du 19 novembre 1773.

(2) L'abbé PLUCHE, *Le Spectacle de la nature*, etc., t. VI (1755) : cf. P. ROUSSELOT. *His. de l'éducation des femmes en France*, t. II, 191-3.

(3) *Chronique médicale*, août 1919.

reste entendu que Rousseau vint après beaucoup d'autres (1) ; mais, comme l'écrit un de nos érudits confrères (2), en pareille matière c'est le succès qui importe : Rousseau le premier parvint à l'obtenir ; seul, il révolutionna les mœurs de son temps ; à son *Emile* est incontestablement due la renaissance de l'allaitement maternel.

Ce serait pourtant se méprendre que d'exagérer la portée médicale de la campagne de Rousseau ; le réformateur attache bien plus de prix aux considérations d'ordre moral qu'aux arguments d'ordre biologique. Il aspire à régénérer la vie familiale et l'allaitement maternel lui apparaît comme le premier acte de cette réforme (3).

L'allaitement, en effet, n'est pas la partie la plus importante des soins d'éducation que le philosophe exige de la mère pour son enfant ; il admet même que celle-ci recoure au sein d'une étrangère, si elle n'a pas la santé nécessaire pour nourrir elle-même ; mais avant tout, proclame-t-il avec force, qu'elle soit mère ; or, « il y a dans la mère deux choses : le lait de la nourrice et l'affection de la mère...

(1) Nous aurions pu ajouter aux noms cités, ceux de Charron, Bodin, le cardinal Sadolet, Marnix de Sainte-Aldegonde : et rencontre plus inattendue, le poète d'Eléonore, le Tasse ! (*Dialogues du Tasse*, traduction J.-V. Périès, 1825, 159 et s.).

(2) Julien Roshem, *Rousseau et l'hygiène de la première enfance* (*Revue bleue*, avant 1914).

(3) J.-J, Rousseau et Desessartz, par Prosper Merklen, (*Journal de Médecine interne*, 10 oct. 1911).

MADAME ROLAND.

l'allaitement n'est que le moindre côté du devoir maternel. Il y a beaucoup de femmes qui sont bonnes nourrices et médiocres mères ; elles ont les mamelles pleines et le cœur sec. Il y a, par contre, beaucoup de femmes qui sont mauvaises nourrices et très bonnes mères, c'est-à-dire qui aiment le berceau de leur enfant, ses premiers pas, ses premiers ris, ses premiers bégaiements, qui ne cèdent à la nourrice que l'allaitement et qui gardent les autres soins... Et c'est par l'accomplissement de ce devoir que la famille se régénère et se réforme ; c'est par là qu'auprès d'une femme qui sait être mère, le mari apprend aussi à être père (1). »

La grande erreur fut de prendre les maximes de Rousseau trop au pied de la lettre ; il devint de bon ton d'être nourrice, mais on oublia d'être mère. Concilier le monde et la mode parut un sacrifice, une concession suffisante aux idées du nouvel apôtre.

Les belles dames voulaient bien consentir à nourrir leurs enfants (2), mais à la condition de ne rien sacrifier de leurs distractions et plaisirs mondains. Dans un roman qui prétend à imiter et à réfuter l'*Emile*, un illustre bas-bleu de l'avant-dernier siècle (3), a fait un tableau des plus piquants de ces femmes de la haute société, « qui allaient aux bals et qui y dan-

(1) SAINT-MARC-GIRARDIN, *J.-J. Rousseau*, t. II, 122.

(2) Mme ROLAND, en bonne disciple de J.-J.-Rousseau qu'elle était, tint à allaiter elle-même sa fille.

(3) Mme de GENLIS, *Adèle et Théodore*

saient, qu'on rencontrait sans cesse aux spectacles ou faisant des visites, bien parées, avec des paniers et des corps... Croyez-vous, s'écrie-t-elle, non sans raison, que les enfants de ces élégantes nourrices n'eussent pas été beaucoup plus heureux dans le fond d'une chaumière, avec une bonne paysanne assidue à son ménage ?... » Et elle rappelle que, pendant un hiver, elle dînait souvent dans une maison où elle rencontrait toujours une jeune femme qui nourrissait son enfant. « Elle arrivait coiffée en cheveux, mise à peindre et à peine était-elle assise qu'elle avait déjà trouvé le secret de parler deux ou trois fois de son enfant. Nous entendions, ajoute la narratrice, les cris aigus d'un petit au maillot, qu'on apportait dans une bercelonnette bien ornée, et sa mère, devant sept ou huit hommes, lui donnait à téter. Je voyais ces hommes rire entre eux et parler bas, et tout cela ne me paraissait qu'indécent et importun. » Ce qui arriva pouvait se prévoir : comme toutes les modes, celle-ci fut de courte durée ; peu d'années suffirent pour la rendre vieillotte et désuète ; déjà en l'an VII, une réaction se manifestait, et peu à peu on revenait aux errements anciens.

Un journal de l'époque du Directoire, le *Journal des Dames et des Modes*, en fait mélancoliquement la constatation : « L'usage de nourrir est loin de se généraliser chez nos belles, on est très économe sur les plaisirs de la maternité. Je ne sais quelle en peut être

L'ALLAITEMENT MATERNEL AU XVIIIe SIÈCLE.

(D'après un dessin de GRAVELOT, gravé par L. DE LAUNAY.)

la cause, mais j'ai observé que nos dames d'un certain genre ne sont rien moins que fécondes. Apparemment qu'il n'est pas de bon ton de faire des enfants. Puis une grossesse est quelque chose de si désagréable ! Si du moins on pouvait, en payant, se décharger de ce fardeau sur une autre. Mais, pas possible ! Il faut le porter neuf mois, et neuf mois en personne. Aussi ne devient-on mère que par mégarde. Il y a tant de femmes, au reste, qui, privées d'attraits, ne paraissent propres qu'à cela, qu'on peut bien épargner ce soin à celles dont les charmes font tout le mérite. Il en est de certaines belles ainsi que des roses. Comme chacun s'empresse d'en cueillir la fleur, il est très difficile d'en obtenir de la graine (1). »

Il ne faudra pas arriver à l'Empire pour voir se produire un revirement complet : pour des motifs différents, les bourgeoises comme les reines se déchargèrent des soins de la maternité sur une salariée.

En dépit de Rousseau, de son *Emile* et de la mode, la maternité n'avait été qu'un jeu, dont les femmes s'étaient tôt lassées, et s'il se présenta quelque exception, on a pu dire que ce fut « par affectation, simulation et littérature (2). » L'enfant fut de nouveau confié aux meneurs, pour être mis en nourrice à la

(1) *Journal des Dames et des Modes*, 5 prairial an VII, 138 (*Revue des Curiosités révolutionnaires*, n° 13, nov. 1911, 29).
(2) Fr. Masson, *Napoléon et son fils*, 192.

campagne, ce qui fut au moins un but de promenade d'été, pour les Parisiens en quête de villégiature.

En quelque manière, il y avait cependant pro-

VISITE CHEZ LA NOURRICE.
(Lithographie de VICTOR ADAM.)

grès ; mieux valait, à tout prendre, l'allaitement mercenaire que l'allaitement artificiel. Il était loin le temps où on en était réduit à ce qu'on appelait la nourriture au petit pot !

L'allaitement à la cuillère ou au petit pot a toujours eu ses partisans : un passage de la Bible semblerait indiquer que les Hébreux connaissaient l'usage du petit pot, le précurseur du biberon.

Les premiers biberons étaient en terre ou en verre. Tantôt ils reproduisaient la forme de la mamelle, tantôt ils ressemblaient à de petits vases, munis de deux ouvertures : l'une, pour introduire le lait ; l'autre, pour le laisser s'écouler.

Comme chez nos ancêtres gallo-romains, le biberon était connu dans l'ancienne France ; mais tant que l'allaitement maternel fut pratiqué, son usage fut très restreint.

Le roman de *Robert le Diable*, qui date du XIIIe siècle, atteste que le biberon était employé dès cette époque. Un siècle plus tard, on en retrouve des modèles variés en terre émaillée, soit sous forme de barillet, à pied, avec anses ; soit de bouteilles de grès, comme les laboureurs en portent parfois en bandoulière : dans les deux, l'orifice unique des vases était si étroit, qu'il forçait l'enfant à humer.

La tétine ne fut imaginée que vers la fin du XVIe siècle, en Suède.

Le prédécesseur de notre biberon actuel était en étain et ressemblait à une petite bouteille ; le bouchon en était traversé par un tube très court, que l'on mettait dans la bouche du bébé, après l'avoir recouvert d'un morceau de linge ou d'une peau percée

LA MÈRE ET L'ENFANT.
(D'après une peinture de JEAN STEEN.)

de trous. L'étain fut, un peu plus tard, remplacé par le verre. Le biberon se composait alors d'une bouteille à long col — quelques-unes avaient la forme de gourde — et qui portait à son orifice une éponge ou un mamelon.

Jadis, il n'y avait pas de date fixée pour commencer l'allaitement par la mère. On professait, à l'époque de la Renaissance, que la femme ne doit allaiter « qu'après être bien nette, à savoir : trente jours après la couche d'un mâle, quarante-deux jours après celle d'une fille ; et, pendant ce temps, elle aura près d'elle une autre femme qui donnera à téter à l'enfant. » Pendant cette interruption de l'allaitement, afin de ne pas laisser souffrir la mère, on la faisait téter par quelque pauvre vieille femme, ou par un enfant pauvre ; Laurent Joubert conseillait de la faire téter par un petit chien !

C'est dans Mauriceau que l'on trouve, pour la première fois en France, le conseil de faire l'aspiration du lait au moyen d'une tétine en verre. La forme de cette tétine rappelle celle d'une ventouse : la partie supérieure se termine par un col effilé, grâce auquel on peut faire l'aspiration ; le lait reste dans la ventouse et la personne qui l'aspire n'est pas obligée de le boire.

Avant de faire téter, recommande aux mamans Scévole de Sainte-Marthe, « lavez le bout de vos mamelles avec de l'eau tiède... Ne laissez pas... votre enfant avaler les premières gouttes de lait qui en sortiront d'abord... Prenez garde qu'il ne se gorge de lait en tétant avec trop d'empressement. Pour faire qu'il prenne avec modération, tantôt retirez votre sein, puis le lui rendez, corrigeant ainsi cette trop grande avidité » (1).

Dès la naissance, ajoute l'excellent pédiâtre, purgez l'enfant, évitez qu'il n'ait ni trop chaud ni trop froid, veillez surtout à ce qu'il ne soit tenu trop chaudement, « ce qui risquerait de l'étouffer, comme il arriva à François, duc d'Anjou... »

Ce qui revient souvent sous la plume des médecins, aussi bien que dans la bouche des sermonnaires, c'est le devoir, pour la mère, d'allaiter son enfant ; à moins d'empêchement absolu, c'est la loi primordiale de la maternité (2).

(1) *Pœdotrophia, seu de educatione liberorum libri tres* (traduct. française de 1698, par Abel de Sainte-Marthe, petit-fils de l'auteur).

(2) L'on a vu à toutes les époques, dit le Dr Flandrin, dans un travail très documenté (*Chron. Méd.*, 15 mai 1901), les médecins, les penseurs et les philosophes élever tour à tour la voix, pour rappeler à la femme ses obligations maternelles ; et, à l'appui, notre distingué confrère énumère les différents ouvrages dont l'auteur invite la mère à nourrir son enfant, depuis celui de Laurent Joubert (1587), jusqu'à celui de Roussel (1820). Son étude, toute complète qu'elle soit, comporte quelques lacunes. Il ne cite point, par exemple, Juan Gutierrez de Godoy, docteur d'Alcala et médecin du chapitre de Jaen, l'auteur de *Trois Discours pour prouver que*

C'est une loi non moins inéluctable, qu'à mesure qu'on arrive à un degré de civilisation plus avancé, les mères se déchargent des obligations que leur impose la maternité. Les moralistes ont beau s'indigner, c'est une constatation de fait devant laquelle ils ne peuvent que s'incliner.

toutes les mères sont obligées de nourrir leurs enfants au sein, lorsqu'elles ont une bonne santé, assez de forces, un bon tempérament, de bon lait et assez pour les nourrir (Jaen, 1629). C'est, près de trois siècles avant nos modernes propagandistes, un éloquent et savant manifeste contre l'usage des « remplaçantes ». Voilà, à n'en pas douter, un précurseur de M. Brieux. De même, il serait aisé de trouver des précurseurs à Théophile Roussel, dont la loi tutélaire a été réclamée dès 1780 (cf. *Chron. méd.*, 1er juin 1901).

SCÈNE DE FLAGELLATION.
(Miséricorde de stalle de la Cathédrale de *Sherborne*, ANGLETERRE.)

CHAPITRE CINQUIÈME

LE FOUET, INSTRUMENT D'ÉDUCATION

AU COUVENT ET A L'ÉCOLE.

I

Si le hasard d'une flânerie dirige vos pas vers le Quartier latin, engagez-vous, en partant du Luxembourg, dans la rue qui porte le nom d'un chimiste célèbre, et faites halte devant un monument de modeste apparence, dont la façade n'engage guère à franchir le seuil et qui mérite cependant une visite.

Tenez-vous à vous documenter sur les méthodes d'éducation en usage dans les différents pays, aux temps passés et présents, vous serez servi à souhait, rien qu'à promener vos regards sur les gravures qui ornent les murs du vestibule : en quelques minutes, vous aurez mesuré l'abîme qui sépare le monde moderne de l'ancien monde.

Jusqu'à la veille du vingtième siècle, en effet, le paquet de verges a fait partie du mobilier scolaire. Il y a quelques années à peine que le fouet n'est plus l'*ultima ratio* du maître d'école, et nous ne jurerions pas que, dans certains villages du Languedoc, où malgré les voies ferrées, la civilisation n'a pas encore pénétré, on ne désigne encore l'instituteur sous le nom injurieux, mais combien pittoresque, de *fouette-c..* (le mot patois a une saveur particulière). Aujourd'hui, au moins dans nos écoles françaises, on a renoncé à ce mode de coercition ; et pourtant, est-il si éloigné le temps où l'on aurait cru déroger à une tradition, en n'employant pas la férule ou le martinet ?

Etait-il, au demeurant, si efficace, ce traitement, par les châtiments corporels, d'une enfance vicieuse ou indisciplinée ? N'allait-on pas, de la sorte, à l'encontre du but poursuivi, et à vouloir redresser un caractère mal façonné, ne risquait-on pas d'éveiller le vice qui sommeillait ?

Cette considération n'avait pas échappé à la sagacité d'un théologien, qui fut en même temps docteur en médecine : « La fustigation ou flagellation, écrivait le père Debreyne, peut avoir un résultat bien différent de celui qu'on en attend. Il est donc très important de faire disparaître des écoles et du foyer domestique ce genre de punition, à la fois *indécent, flétrissant et dangereux pour les mœurs.* »

Aurions-nous l'imagination plus perverse que nos ancêtres, en leur supposant de malignes pensées ? Ou faudrait-il croire qu'un vent de sadisme ait soufflé sur la pauvre humanité pendant tant de siècles ? Assurément, les intentions du plus grand nombre étaient pures, mais combien de brebis galeuses devaient se mêler au troupeau !

SCÈNE DE FUSTIGATION.
(Miséricorde d'une stalle de l'église de *Sherborne*, ANGLETERRE.)

II

Aux époques primitives, le fouet n'est que l'attribut de la force brutale. Le père, ayant toute autorité sur son enfant, délègue cette autorité au pédagogue, qui l'exerce avec plus ou moins de rigueur, selon son tempérament ou son humeur.

Les peuples les plus policés n'ont pas cru devoir se passer de cet instrument de règne. Si l'éducation était particulièrement sévère à Sparte où, de bonne heure, l'enfant était soumis aux exercices les plus pénibles, elle n'était guère plus douce à Athènes, si nous en jugeons par cette description des mœurs grecques.

A peine l'enfant a-t-il échappé à la tyrannie de sa nourrice, qu'il tombe entre les mains du pédagogue, du grammatiste, du musicien et ceux-là le fouettent à tour de rôle, pour lui apprendre leur art. Avance-t-il en âge, surviennent l'arithméticien, le géomètre, l'écuyer. Sous tous ces maîtres, il est fouetté, se lève de bonne heure, n'a pas un moment de repos. Devenu éphèbe, il lui faut craindre le tacticien, le gymnasiarque. Sous ces nouveaux maîtres, il est fouetté, torturé...

Et philosophes d'applaudir, et poètes de se féliciter des heureux résultats qu'obtiennent les partisans de cette brutale méthode.

Une voix s'élève, cependant, contre ce système,

LA FLAGELLATION DU CHRIST.
(D'après ALBERT DÜRER.)

celle d'un philosophe, qui estime que l'on doit « amener les enfants à faire leur devoir, par bonnes paroles et douces remontrances, non par coups de verges, ny par les battre, pour ce qu'il semble que ceste voye-là convient plus tost à des esclaves, que non pas à des personnes libres, pour ce qu'ils s'endurcissent aux coups, et deviennent comme hébétez, et ont le travail de l'estude après en horreur, partie pour la douleur des coups et partie pour la honte » ; et Plutarque conclut sagement, que « les louanges et les blasmes sont plus utiles aux enfants nez en liberté, que toutes verges et coups de fouet ».

Cette manière de traiter les esclaves, Rome l'avait empruntée à la Grèce. A l'entrée de certaines maisons se lisait l'inscription, rappelée par Pétrone . « Les esclaves qui sortiront de cette maison sans la permission de leurs maîtres, recevront cent coups de fouet. »

La moindre impatience de la maîtresse, la moindre faute de l'esclave suffisaient pour faire suspendre cette dernière par les cheveux, et la déchirer à coups de fouet. Le tableau que nous a laissé Juvénal (1) de ces scènes de violence est simplement révoltant. Cette pratique était si répandue que, dans son *Art d'aimer*, Ovide recommande aux femmes de ne pas céder à un mouvement de colère, en présence de l'amant qui assiste à leur toilette. Plusieurs d'en-

(1) Satire VI.

tre elles avaient, en effet, l'habitude, plutôt fâcheuse, de choisir ce moment pour battre leurs esclaves, pour les mordre, ou pour leur enfoncer dans le sein leurs aiguilles de tête : n'oublions pas que ces aiguilles, dont il a été retrouvé des spécimens, avaient jusqu'à sept ou huit pouces de long (1). Le fouet devait paraître bien doux à côté d'un tel martyre (2) ; et nous ne nous étonnons plus que le satirique Horace rende presque grâces à son précepteur Orbilius, de l'avoir fouetté d'importance, quand il était sur les bancs de l'école : peut-être lui exprimait-il sa gratitude de lui avoir donné de bonne heure le goût de la poésie (3).

Ce n'étaient pas toujours les élèves qui tendaient leur... dos à la discipline : le tour vint un jour des maîtres. Tite-Live rapporte qu'un maître d'école fut condamné à subir le fouet, pour avoir commis

(1) Plusieurs sont très simples et n'ont qu'une ouverture par le haut, probablement pour passer les bandelettes ; d'autres se font remarquer par la beauté et la richesse des ciselures qui ornent leur tête. WINCKELMANN, dans ses *Lettres sur les découvertes d'Herculanum*, parle avec détails de quatre aiguilles trouvées dans les ruines de cette ville.

(2) En général, les hommes et les femmes, à Rome, avaient si peu de pitié pour les esclaves, et les martyrisaient de tant de manières (V. PLAUTE, *Asin.*, III, 2) que, plus d'une fois, les empereurs crurent devoir interposer leur autorité. Adrien relégua pour cinq ans une dame romaine, nommée Umbricia, pour avoir traité trop durement ses femmes esclaves.

(3) « Je me souviens, écrit HORACE, qu'étant petit garçon, Orbilius, qui aimait fort à battre, me dictait les vers de Livius Andronicus. » Lib. II, Ep. I, v. 70.

le crime de trahison. Après qu'on l'eut dépouillé de tous ses vêtements, et qu'on lui eut lié les mains derrière le dos, il fut livré aux enfants, qui le fustigèrent à grands coups de verges. C'était le renversement des rôles.

Des esprits sensés s'élevaient cependant de temps à autre contre ces méthodes d'éducation, bien que l'usage en fût partout reçu et ne recueillît qu'approbation ; il y avait d'autant plus de mérite à protester, quand on était à peu près seul de son avis.

Les raisons que fait valoir Quintilien, pour abolir ce mode de répression, n'avaient que le tort de s'adresser à des barbares, dont les cerveaux n'étaient pas préparés à les comprendre.

Je ne voudrais pas, disait l'auteur des *Institutions oratoires* (1), qu'on battît les écoliers... premièrement, parce que cela est infâme et qu'on traite ainsi les esclaves; ce serait même une injure qui demanderait réparation, si les disciples étaient moins jeunes.

En deuxième lieu, parce que, si un enfant se trouve d'un naturel si opiniâtre que les réprimandes ne le corrigent point, il y a grande apparence qu'il s'endurcisse aux coups, de même que les plus méchants esclaves ; enfin, parce que le châtiment serait inutile, si le précepteur s'acquittait bien de son devoir.

Mais aujourd'hui, les maîtres sont si peu exacts dans leurs corrections, qu'au lieu d'obliger les écoliers à faire ce qu'ils doivent, ils se contentent de les punir, lorsqu'ils ne l'ont pas fait.

(1) Liv. I, III.

D'ailleurs, si vous contraignez un petit garçon à coups de verges, de quelle manière traiterez-vous un jeune homme qu'on ne peut pas menacer du fouet, et à qui on doit alléguer de plus nobles motifs pour l'encourager à l'étude ? Ajoutez à cela qu'il arrive plusieurs accidents à ceux qui sont battus, *que la bienséance ne permet pas de dire*, et qui sont causés par la crainte ou par la douleur ; la honte même qu'ils en ont leur gâte et abat l'esprit jusqu'à un tel point, qu'ils fuient la lumière du jour et sont accablés d'ennui, de sorte que si on n'a pas eu le soin de choisir des maîtres sages et habiles, on ne saurait dire jusqu'à quel excès de cruauté ces méchants hommes abusent du pouvoir qu'ils ont de battre, ni jusqu'où va la terreur qu'ils inspirent à leurs écoliers ; mais je ne m'arrêterai pas plus longtemps sur cet article, on n'en sait déjà que trop.

Quintilien parlait dans le désert. Il dépensait ses efforts en pure perte, pour déraciner un préjugé qui devait durer plus que lui.

SCÈNE DE FUSTIGATION.
(Miséricorde de stalle ; extrait de THOMAS WRIGHT, *Hist. de la caricature*.)

III

On a reproché aux Jésuites l'invention de la fessée pédagogique : ils auraient pu répondre qu'ils avaient eu de nombreux précurseurs. L'histoire de la flagellation monastique est un argument qu'il leur eût été loisible d'invoquer pour leur justification. Mais ils avaient un répondant autrement autorisé : Salomon, dans son livre de *la Sagesse*, n'a-t-il pas écrit : « Il ne faut pas que les pères épargnent les verges à leurs enfants ; ce serait les haïr (1) » Nous en avons fait le proverbe : « Qui aime bien châtie bien. »

Il est dit, dans les *Coutumes de Cluny*, rédigées, vers 1087, par le moine Udabric :

> A toutes les heures de prières, quand les enfants chanteront mal les offices ou s'endormiront, le prieur ou le magister les dépouillera sans délai, les mettra en chemise et les frappera avec de légères verges d'osier ou avec des ficelles préparées dans cette intention.

On ne sait rien de la durée des exécutions, mais le fait suivant démontre qu'elles inspiraient une forte appréhension aux délinquants.

Le jour de la Saint-Marc, des écoliers de Saint-

(1) Raoul Tortaire, moine de Saint-Benoît-sur-Loire, écrivant à un de ses anciens élèves, dont il avait perdu les bonnes grâces par ses trop fréquentes corrections, lui dit que le souvenir des coups de férule est sans doute la cause de sa rancune.

Gall avaient encouru la peine de la flagellation, pour avoir fait l'école buissonnière. Celui d'entre eux qu'on avait envoyé chercher les verges, sous les combles du monastère, voulant se soustraire, lui et ses complices, au châtiment, s'empara d'un tison et mit le feu à l'abbaye (1). Ce simple fait-divers montre que les enfants de cette époque étaient de jolis garnements, et on ne s'étonne plus d'entendre un abbé se plaindre à saint Anselme du Bec (2), de ne rien obtenir des enfants qu'il élevait, « bien qu'il les accablât de coups ».

Il aurait, il est vrai, pu recourir à un système d'éducation plus graduel, comme celui que propo-

(1) L. Maitre, *Les Ecoles épiscopales et monastiques de l'Occident, depuis Charlemagne jusqu'à Philippe-Auguste.*

(2) Voici un trait de la vie de saint Anselme du Bec (rapporté par L. Maitre, *Les Ecoles épiscopales et monastiques*, 196), qui prouve que certains maîtres savaient tempérer la sévérité de leurs punitions par d'utiles exhortations. Un abbé se plaignait un jour à ce saint de ne rien obtenir des enfants qu'il élevait, quoiqu'il les accablât de coups. « Mais, mon révérend Père, dit « Anselme, si vous plantiez un arbre dans un jardin et que vous « le resserriez au point d'arrêter le développement des branches, « que pousserait-il après un an passé ? Rien sans doute, et les « branches reviendraient sur elles-mêmes. Vos enfants sont de « même. Oppressés outre mesure, ils arrivent à se persuader que « vous n'avez pour eux ni bienveillance ni affection, que vous « êtes leur ennemi, et que vos procédés sont inspirés par la « haine... Comment voulez-vous par les flagellations former le « cœur d'un enfant et le ramener aux bons principes ? Si vous « voulez les élever convenablement, il est nécessaire de tempérer « la correction par la mansuétude. » Saint Anselme réussit-il à convertir son interlocuteur à sa doctrine, c'est ce qu'on a négligé de nous apprendre.

sait un évêque de Metz : à la première chute, recommandait ce bon prélat, il faut avertir le délinquant ; à la seconde, l'admonester ; à la troisième, lui adresser une réprimande publique ; à la quatrième, le mettre au pain et à l'eau ; à la cinquième, le séparer de la communauté, l'enfermer ou le battre de verges, *si son âge le permet ;* enfin, s'il résiste à tant de corrections, on doit prier le Seigneur de le guérir et le mener ensuite devant l'évêque. »

Il faut être juste : s'il y avait des enfants incorrigibles, certains maîtres les traitaient avec une brutalité qui appelait les représailles. Nous avons là-dessus un témoignage irrécusable : Guibert de Nogent (1), parlant du maître de grammaire qui l'a élevé, rend hommage à sa vertu, mais confesse qu'il l'accablait presque tous les jours d'une grêle de soufflets et de coups, pour le contraindre à savoir ce qu'il n'avait pu lui enseigner.

Un jour que j'avais été frappé, conte le brave homme, qui ne semble avoir gardé aucune rancune à son tortionnaire, je vins m'asseoir aux genoux de ma mère, rudement meurtri, et *certainement plus que je n'avais mérité.* Ma mère m'ayant, selon sa coutume, demandé si j'avais encore été battu ce jour-là, moi, pour ne point paraître dénoncer mon maître, j'assurai que non. Mais elle, écartant bon gré mal gré le vêtement qu'on appelle chemise,

(1) *Vie de Guibert de Nogent*, t. I, c. II; MUTEAU, *Les Ecoles et Collèges en province; Paris*, 1882.

vit mes petits bras tout noircis, et la peau de mes épaules toute soulevée et bouffie des coups de verge que j'avais reçus.

De même que dans les écoles ecclésiastiques, dans les monastères et dans les couvents le châtiment des verges fut longtemps en vigueur. Une règle de saint Césaire d'Arles, datant de l'an 508, spécifie la peine de la flagellation contre les religieuses indociles (1).

Saint Benoît, le restaurateur de la discipline monastique en France, qui commença à s'occuper de sa réforme au huitième siècle, prescrivait des jeûnes excessifs, des flagellations rudes et sanglantes, même pour les enfants.

Si un frère, après avoir été souvent repris, néglige de se corriger, il faut le frapper de verges pour le punir.

Si quelqu'un traite avec négligence ou malpropreté les meubles du monastère, il sera repris et châtié d'une punition régulière, s'il ne s'en corrige.

S'il se trouve quelque moine qui ait quelque chose en propre, on l'en reprendra jusqu'à deux fois ; s'il ne s'en corrige, on le punira rigoureusement de sa faute.

S'il arrive à quelqu'un de violer la loi du silence, il sera rigoureusement châtié ; de même celui qui recevra des livres ou des présents ; qui rapportera

(1) La même règle édicte la peine du fouet contre ceux qui auront menti.

ce qu'il aura vu ou entendu pendant un voyage ; celui qui se donnera la liberté de reprendre publi-

LA FLAGELLATION DE SAINT AUGUSTIN.
(D'après la fresque de Benozzo Gozzoli).

quement les personnes plus âgées que lui sans un ordre exprès de l'abbé ; ou même qui corrigera les enfants « sans discrétion et avec trop de chaleur et de sévérité ». La désobéissance à l'abbé était également punie.

Saint Colomban entre dans les détails les plus minutieux sur l'administration de la discipline aux ecclésiastiques : tant de coups pour le religieux qui ne s'est pas prosterné en sortant du couvent ; tant pour celui qui, au commencement du repas, n'a pas fait le signe de la croix sur sa cuiller ; tant pour qui n'a pas coupé ses ongles avant de dire la messe ; tant pour qui, à table, n'a pas ramassé les miettes de son pain. Le supérieur prononçait les peines, et le plus ordinairement, les infligeait.

Une autre règle veut que les moines qui seront sortis de leur monastère, sans la permission de leur abbé ou de leur supérieur, ou qui, étant sortis avec sa permission, n'y seront pas rentrés aussitôt qu'ils auront achevé ce qu'ils avaient à faire, seront excommuniés pendant trente jours, ou battus de verges ; mêmes peines contre ceux qui auront bu ou mangé avec excès. Pareillement seront traités et ne pourront jamais être promus à la cléricature les jeunes moines qui se seront rendus coupables de quelque larcin.

Les moines qui, après avoir été excommuniés, voudront « rentrer dans la communion de leurs frères » (*Règle de Saint-Macaire*), devront recevoir le fouet en présence de l'abbé et de toute la communauté, « afin que, n'ayant pu être corrigés par les remontrances, ils le soient par les verges ».

Les moines qui troubleront leurs frères (*Règle de*

Saint-Pacôme), ou qui abuseront de leur simplicité pour les porter au mal, seront fouettés devant la porte du monastère si, après avoir été avertis par trois fois, ils ne se corrigent.

Les moines qui ne veulent pas pardonner à ceux qui les ont offensés (*Règle de Saint-Aurélien*) et qui frappent leurs frères, doivent être traités de la même manière, c'est-à-dire qu'ils recevront la discipline ; mais, pour quelque faute que ce soit, ils ne doivent en avoir que le nombre de coups prescrit par la loi, c'est-à-dire trente-neuf.

Et que ceux qui sont punis ne s'avisent pas de murmurer, s'ils ne veulent être plus rudement châtiés !

Le fouet sert encore à ramener dans le devoir les moines qui parlent trop haut, qui sont colères, qui font rire les autres, qui raillent, qui sont calomniateurs ; à moins qu'ils ne se corrigent de ces défauts, après en avoir été repris plusieurs fois. On doit en user de même « à l'égard de ceux qui sont impudiques, effrontés et superbes ; de ceux qui sont menteurs, voleurs, violents et parjures ; de ceux qui sont hagards, opiniâtres et qui soutiennent hardiment leurs fautes » (*Règle de Saint-Fructueux*) (1).

La flagellation n'est épargnée ni aux jeunes religieux qui n'ont pas encore atteint l'âge de quinze

(1) J.-B. Thiers, *Critique de l'Histoire des Flagellans*, Paris. 1703.

ans, ni aux religieuses qui ont commis un larcin, qui ont frappé leurs sœurs, ou qui se sont rendues coupables de certains crimes : nous apprenons ainsi combien étaient fréquents les actes d'indécence, dans ces milieux où n'aurait dû pénétrer que l'esprit divin.

Les conversations licencieuses avec une personne du même sexe ou d'un sexe différent, les rapports plus intimes sont visés par les règlements monastiques.

Le crime de rechercher la société des femmes était puni par des fustigations répétées.

Ceux qui continuaient à jeter des regards de désir sur les femmes et ne s'amendaient pas, après avoir reçu la discipline, pouvaient être expulsés de la communauté, de peur que leur mauvais exemple ne fût contagieux pour leurs frères.

Tel règlement assimile le moine convaincu de vol à un récidiviste de l'adultère, parce que « ce ne peut être que la luxure qui l'a mené à commettre un vol » (1).

Nous avons un exemple de la sévérité avec laquelle on punissait les délits de ce genre dans l'histoire d'une religieuse accusée et convaincue d'inceste, par le concile de Donzi, tenu le 13 juin 874. Voici le

(1) *Etude sur la Flagellation, au point de vue médical et historique*. Paris, 1899.

SCÈNE DE FLAGELLATION RELIGIEUSE. (*XVIIIe siècle.*)
(Dessin d'après nature (*sic*), R. 1796.)

fait tel que nous le trouvons relaté dans un curieux opuscule (1).

Cette religieuse se nommait Duda ; elle avait péché avec un prêtre, appelé Humbert. Celui-ci nia le cas, mais les deux coupables durent se rendre devant l'évidence des témoignages. Il fut, de plus, reconnu qu'ils avaient deux complices, deux religieuses, du nom de Berthe et Erprède.

La peine prononcée par le concile mérite d'être rapportée : pendant trois ans, Duda sera frappée de verges sur le dos, en présence de l'abbesse et des religieuses, afin d'expier, par la douleur de la chair, les fautes que le plaisir de la chair lui a fait commettre.

Pendant trois autres années, elle est autorisée à participer aux prières des sœurs ; cependant, elle ne sera pas dans le chœur avec elles, mais derrière la porte, ou dans un lieu que l'abbesse assignera.

La septième année, elle ira à l'offrande, mais la dernière de toutes, et après sept ans accomplis, elle recevra le corps et le sang de N. S., si elle est vraiment pénitente.

Il lui est recommandé de ne jamais oublier son péché, d'avoir toujours les yeux baissés et de faire

(1) *Recherches historiques sur l'origine et l'usage de l'instrument de pénitence appelé discipline*, par Gabriel P... (Peignot). A Dijon, chez Victor Lagier, 1840.

le signe de la croix, toutes les fois que des pensées impures la tourmenteront. Quant aux deux complices, le concile ordonne « qu'on leur impose une pénitence de trois ans et demi, pendant lesquels elles seront aussi frappées de verges, pour n'avoir pas découvert le péché de leur sœur, à ceux qui auraient pu prévenir un si grand scandale ».

On nous a reproché parfois d'aborder certains sujets, d'employer certaines expressions qui appartiennent cependant à la langue médicale ; ce reproche, il est piquant de s'en voir justifier par un théologien, accusant un de ses collègues de l'avoir encouru.

On ne trouve pas à redire — écrit l'abbé Thiers — qu'un médecin, un anatomiste, un chirurgien, parlant ou écrivant des parties du corps humain, se serve des termes qui sont les plus naturels et les plus propres pour expliquer celles que la pudeur ne permet pas, même en d'autres occasions, de nommer : la nécessité de leur profession le demande et les y oblige; mais qu'un prêtre, qu'un docteur en théologie, écrivant une histoire qui se pourrait fort bien écrire sans y faire entrer aucuns faits impurs, en ait exposé un assez grand nombre qui ne devaient point y avoir de place, et qui ne font rien à son sujet, c'est ce que je ne saurais croire qu'on puisse entièrement excuser.

Le bon abbé Boileau qui est visé ici, s'est pourtant défendu d'avoir écrit un ouvrage immoral.

LA FLAGELLATION AU COUVENT.

(D'après la miniature d'un manuscrit du xve siècle.)

N'a-t-il pas proclamé que l'usage de la discipline *par en bas* (il ne pouvait être plus discret dans l'expression) est presque toujours non seulement inouï, nouveau et inutile, mais même *mauvais, infâme et très honteux* » ?

C'est cet usage qu'il a combattu et qu'il a essayé d'abolir, il serait injuste de le méconnaître. Encore qu'il fût à même d'être informé de tous les excès qui se commettaient dans les monastères, il n'a pas cru devoir néanmoins soulever tous les voiles ; d'autres n'ont pas eu les mêmes scrupules, et ceux qui ne se passionnent que pour l'amour du vrai ne peuvent que les en féliciter.

Les textes écrits auraient-ils d'ailleurs négligé de nous renseigner, que l'iconographie religieuse suppléerait à ce défaut d'information : jetez un coup d'œil sur cette miniature d'un manuscrit du quinzième siècle, conservé à la bibliothèque de Bourgogne, à Bruxelles (1) : est-il témoignage plus instructif que cette déposition imagée ? On y voit que le châtiment des verges s'appliquait, en présence de tous les moines, et que... le champ opératoire était exposé à tous les regards.

Cela se passait de même dans les établissements de femmes : pour des manquements à la morale,

(1) *Sciences et lettres au moyen âge et à l'époque de la Renaissance*, par P. Lacroix.

pour négligence ou paresse dans l'accomplissement des devoirs religieux, la supérieure infligeait la discipline à la délinquante, en présence de toutes les sœurs, conformément au précepte de l'apôtre : « Confondez les pécheurs en présence de tous. »

Dans une assemblée d'ecclésiastiques, tenue à Aix-la-Chapelle, en 817, il fut décidé que les moines seraient fouettés nus, devant tous leurs frères : la pénitence était, paraît-il, plus méritoire, quand elle était appliquée *in anima vili* (*in corpore vili* serait plus conforme à la réalité des faits).

Les constitutions des Carmes stipulaient que le maître des novices les flagellerait doucement, après leur avoir découvert modestement le bas des reins ; dans quelques communautés, les chemises devaient être fendues dans le dos, afin qu'écartées facilement, elles laissassent un champ libre aux verges.

Dans plusieurs couvents, les novices étaient dressés régulièrement à l'exercice de la discipline. Chez les Ursulines, une maîtresse était spécialement chargée de leur apprendre à tenir l'instrument de pénitence, à allonger ou à raccourcir les bras, afin que les coups portassent mieux, et à se maintenir dans une posture décente.

Un des maîtres dans l'art de donner le fouet, le père Julien de la Croix, voulait que les cordes en fussent inégales, « afin que chacune portât différemment et que la douleur fût plus universelle ».

Une fille de Louis XI, Jeanne de France, avait même inventé une discipline pouvant produire cinq plaies : c'était une croix d'argent, munie de cinq clous, de même métal, mais bien pointus (1).

(1) *Curiosités théologiques*, par un Bibliophile (BRUNET). Paris, Delahays, 1861.

LA FUSTIGATION DE SAINT LOUIS
(D'après l'*Album Parmentier*, Moyen Age.)

IV

La peine de la fustigation n'était pas seulement appliquée dans les monastères (1) ; bientôt nombre d'évêques s'arrogèrent sur les clercs le même droit que les abbés ou les prieurs exerçaient sur leurs moines.

Bien que les moines, les prêtres et les diacres fussent, par des canons spéciaux, exemptés de la fustigation abbatiale (2), le moine Godescal la subit, en grand appareil, en présence de l'empereur Charles le Chauve. Un évêque dut, lui aussi, passer sous les verges, par ordre pontifical : Oger, évêque de Spire, fut fustigé, en vertu d'un jugement du pape Jean XII.

(1) Elle l'était encore dans les hôpitaux, dont le service était fait par des femmes appartenant à une communauté religieuse et, particularité notable, le fouet y régnait encore en maître *au dix-huitième siècle*, témoin ce qui se passait à l'hospice de la Charité, de Lyon, en 1745. (Cf. *Lyon médical*, 4 juillet 1909).

(2) A Wurtzbourg, en Franconie — est-il rapporté dans un manuscrit en notre possession, intitulé *Notice raisonnée des ouvrages de Gaspard Schott, Jésuite* — pour entrer dans le chapitre de cette église, il faut faire preuve d'ancienne noblesse. Il s'est conservé, dans ce chapitre, un ancien usage fort singulier, à la réception d'un nouveau chanoine : il se présente, nu jusqu'à la ceinture, au milieu de tous les chanoines rangés en haie, qui lui donnent chacun des coups de verge sur le dos. Cet usage durait encore en 1725.

Cette peine fut, en maintes circonstances, mise à exécution contre les hérétiques, en un temps où il n'était pas encore d'usage de les emmurer pendant toute leur vie, ou de les brûler vifs (1). Leur qualité même ne les préservait pas de ce châtiment infamant.

Le prince Raymond VI, comte de Toulouse, suspect d'hérésie, fut fouetté de verges publiquement, à la porte de l'église Saint-Gilles, à Valence, par les mains du légat du pape. Henri II, roi d'Angleterre, vint recevoir la discipline, en public, pour expier le meurtre de l'archevêque de Cantorbéry : la flagellation se donnait alors avec un balai (2).

Le fils et successeur de Philippe-Auguste, Louis VIII, jugé coupable d'avoir continué de prétendre à la couronne d'Angleterre, lorsque le pape la lui avait ôtée, après la lui avoir donnée librement, dut expier cette rébellion en consentant, par écrit, à payer au pontife le dixième de ses revenus de deux ans, et à se présenter nu-pieds à la porte de l'église de Notre-Dame, à Paris, avec des verges, pour être fouetté par les chanoines. L'histoire ajoute qu'il ne le fut que sur le dos de ses chapelains.

Henri IV reçut pareillement le fouet, en 1595, mais sur les épaules de ses ambassadeurs, les cardinaux du Perron et d'Ossat.

(1) Lanjuinais, *La bastonnade et la flagellation pénales.*
(2) *Glossaire archéologique de* Gay, art. Balai.

Cette flagellation « par procuration » n'était pas une exception : à l'avant-dernier siècle, on trouvait toujours, et un peu dans tous les pays, quelque bon capucin qui rendait son postérieur responsable des péchés de la paroisse entière, et qui, en proportion de la gratification qu'on lui allouait, se fouettait, ou tout au moins assurait qu'il s'était livré à cet exercice. C'est de là que viendrait la fameuse locution espagnole : *yo soy el culo del fray :* ce qui, en français, pourrait se traduire : je suis aussi mal en point que le... derrière du frère.

Cette application symbolique se retrouve dans la cérémonie de l'absolution des excommuniés. L'excommunié devait se présenter les épaules nues (si c'était un homme), devant la porte de l'église, et devant l'évêque ou le prêtre qui présidait à la cérémonie ; lui demander humblement, à genoux et la tête découverte, l'absolution de son péché ; et alors, l'évêque ou le prêtre, après avoir exigé de lui le serment d'obéir aux commandements de l'Eglise, s'asseyait, tenant en la main droite une verge, une baguette, ou une discipline faite de cordes. Il récitait le psaume *Miserere Dei,* ou tout autre, et, à chaque verset, frappait doucement de sa verge, de sa baguette ou de sa discipline, celui qui demandait l'absolution de l'excommunication.

Le cérémonial était un peu plus solennel pour les excommuniés d'anathème, ou ceux qui avaient encouru l'excommunication pour de grands péchés ou des crimes énormes.

D'illustres personnages, entre autres Guillaume, duc d'Aquitaine, Raimond, comte de Toulouse, Foulques, comte d'Anjou, etc., se soumirent à cette pénitence humiliante. Ce dernier avait fait « suffoquer dans un bain » le fils et héritier d'Alain de Bretagne, dont il avait épousé la veuve : en réparation de son crime, il se rendit à Jérusalem, accompagné de deux serviteurs, dont l'un « lui mit honteusement la corde au cou, comme à un criminel jugé à mort, le traînant jusqu'au Saint-Sépulcre », tandis que l'autre le fouettait sans discontinuer avec un paquet de verges.

FOL PASSÉ PAR LES VERGES.
(Estampe de Sébastien BRANDT, XVe siècle.)

V

Une source de documentation, rarement consultée, est la collection des lettres de rémission. On sait que les rois de France jouissaient, entre autres prérogatives, du droit de faire grâce. Ils exerçaient ce privilège par des actes divers, connus sous différents noms : lettres de grâce, lettres de rémission, d'abolition, de pardon, rappel de bans ou de galères, etc.

La peine civile et criminelle était remise, sauf parfois de légères pénitences imposées à l'inculpé. Le prévenu n'était point noté d'infamie, mais les droits de la partie civile restaient entiers. Ces lettres faisaient donc, comme on l'a justement remarqué (1), l'effet de la loi Bérenger ; elles laissaient en blanc, dirait-on actuellement, le casier judiciaire de l'inculpé.

Parmi ces lettres de rémission, il en est deux qui ont particulièrement retenu notre attention : elles sont, l'une de la fin du quatorzième, et l'autre de la première moitié du quinzième siècle. La première concerne un nommé Durand Tontif, maître d'école à Brienon.

Cet instituteur avait l'habitude de faire réciter chaque soir, à la fin de la classe, à chacun de ses élèves, à tour de rôle, un *De profundis* et une pate-

(1) *Esquisse de mœurs sénonaises au quatorzième et quinzième siècle*, d'après les lettres de rémission, par Francis MOLARD, archiviste de l'Yonne. Sens, 1895.

nôtre, pour les trépassés de l'endroit. Certain jour, un des gamins de l'école n'ayant pu ou voulu réciter le psaume en question, le maître prit un faisceau de verges, qui ne le quittait jamais, et, du haut de sa chaire, en appliqua plusieurs coups sur la tête de l'enfant (1). En se débattant pour échapper à la correction, le pauvre drôle fut atteint aux oreilles, au visage et fut bientôt tout en sang. Comme il s'obstinait à ne pas dire sa leçon, le maître, furieux, bondit de sa chaire, renverse le coupable d'un coup de pied, le cingle à tour de bras. Le malheureux qui avait subi, quelques jours avant, l'opération de la

(1) Au moyen âge, le fouet était « la grande recette disciplinaire de l'époque ; on n'en connaissait point d'autre. » Si l'écolier se rebellait, le directeur ou son fondé de pouvoirs convoquait les maîtres de l'école et, après en avoir délibéré en conseil, faisait comparaître le coupable devant toutes les classes assemblées : on lui administrait alors le fouet, « dru et ferme ». Il était, toutefois, recommandé aux maîtres de ne pas faire usage du bâton, et de ne point frapper le patient du pied ou de la main. (Cf. *L'Enseignement secondaire à Troyes, du Moyen Age à la Révolution*, par Gustave CARRÉ ; Paris, 1888, 15). Les écoliers devaient payer eux-mêmes les verges pour se faire battre : à Troyes, outre la rétribution mensuelle, les écoliers payaient, filles et garçons, six sous six deniers par an, dont une moitié était consacrée à l'acquisition de pelles, balais, etc., et l'autre à l'achat des verges. Le roi de France Philippe le Bel, qui avait été élève au collège de Champagne, plus tard collège de Navarre, avait fondé une bourse en faveur de soixante-dix pauvres écoliers, laquelle « servait à payer les verges dont on usait, dans l'établissement, pour ses camarades ». *Archives de la Saintonge et de l'Aunis*, t. *XXV* (1896) ; cf. *Intermédiaire des Chercheurs et Curieux*, 20 avril 1897, col, 486.

L'ANE A L'ÉCOLE.

(D'après une estampe caricaturale de P. BREUGHEL LE VIEUX, 1557, conservée au *Musée Pédagogique* de Paris.)

taille, et en était encore mal remis, se releva tout meurtri, rentra chez ses parents, s'alita et mourut peu de jours après, des suites des coups qu'il avait reçus. Arrêté pour ce fait, le brutal instituteur obtint une lettre de grâce du Roi : attendu, disaient les considérants, qu'il ignorait l'état où se trouvait l'enfant, et qu'il n'avait pas donné les coups « par haine dudit Jeannot, mais tant seulement par manière de discipline ». Il ne dut pas moins renoncer à l'enseignement et s'acquitter envers les parents (1).

Ceci se passait en 1398.

La seconde histoire montre qu'au quatorzième siècle, les maîtres n'étaient guère plus tendres pour leurs domestiques, que les peuplades les plus sauvages pour leurs esclaves rebelles (2). Il en fut ainsi jusqu'à la fin du dix-septième siècle (3).

(1) Si la plupart des parents toléraient que leurs enfants fussent soumis à une discipline sévère, il en est cependant qui protestaient. En voici un exemple : le 16 mai 1567, information était ouverte contre le prieur et le couvent des Carmes, « pour répondre de l'outrage avec fouet, verges, fait sur un petit enfant, en plein chapitre, dont les père et mère ont exclamé ». Deux religieux de ce couvent, sous prétexte de correction, avaient, paraît-il, cruellement maltraité cet enfant, âgé d'une douzaine d'années. Ils donnèrent pour excuse qu'il était fort insolent, et avait l'habitude de jeter des pierres contre les verrières de leur église. (M[illegible]n, *op. cit.*) Les religieux avaient eu, au moins, le tort de se faire justice eux-mêmes.

(2) Cf. notamment le chapitre IV de *l'Histoire des Flagellans*, de l'abbé Boileau, édition d'Amsterdam, 1732.

(3) V. dans Tallemant des Réaux, *Historiettes*, les chapitres

Une fille d'un écuyer était entrée, dès l'âge de huit ans, au service d'un gentilhomme, gouverneur de la ville de Langres. Elle fut si maltraitée par sa maîtresse, qu'elle conçut à son endroit une haine qui n'attendait qu'une occasion pour s'assouvir. A sept reprises différentes — elle était alors âgée de seize ans — elle tenta de faire sauter, avec de la poudre, le logis de ses maîtres : elle visait principalement la chambre à coucher de la dame de la maison. Prise sur le fait, cette anarchiste précoce fit les aveux les plus complets.

Le fouet a eu cette supériorité incontestée, c'est que devant sa toute-puissance se sont inclinés nobles et vilains, fils de paysans et fils de rois (1). La démonstration de ce niveau égalitaire a été faite, nous n'y reviendrons pas. Depuis Henri IV, la liste est

sur *Madame Chauvry* et *Madame de Vervins* ; v. également Brantome, *Vie des Dames galantes* (Cf. *Intermédiaire des Chercheurs*, 10 juillet 1896, col. 19-20).

(1) Les verges n'épargnaient pas même les filles de rois : Jeanne d'Albret en fit l'épreuve lorsque, âgée seulement de 12 ans, il fut question de la marier avec le duc de Clèves ; par quatre fois elle protesta : « Si l'on prétend que j'y ai consenti, déclarait-elle, ce sera par force, oultre mon grey et vouloir, et pour crainte du Roy, du roy mon père et de la royne ma mère, qui m'en a menassée et fait foueter par la baillyve de Caen, ma gouvernante, laquelle par plusieurs foys m'a pressée par commandement de la royne ma mère, me menassant que je serais tant fessée et maltraitée que l'on me ferait mourir, et que je serais cause de la perte de mes père et mère, que je ne say à qui avoir recours qu'à Dieu... » Ceci se pas-

longue des rois et des princes qui ont été passés par les verges (1). On ne songeait pas à s'en étonner : c'était

LE FOUET A L'ÉCOLE, au XVIe siècle.
(Gravure sur bois de 1592.)

dans les habitudes du temps. Il fallait des esprits

sait en 1540 ; peu de temps après, le mariage avec le duc de Clèves était annulé et Jeanne épousait, en 1548, Antoine de Bourbon, duc de Vendôme (Cf. *Nouvelles Lettres de la Reine de Navarre*, par F. Génin, 182, 291 et s.).

(1) Louis *XIII*, Gaston d'Orléans, son frère ; Louis *XIV* lui-même et son frère Philippe, ont subi ce traitement. Rarement des voix s'élevèrent en faveur d'une discipline plus

libres, comme Montaigne (1) ou Rabelais (2) pour en gémir. Le plus grand nombre se souvenaient qu'ils avaient passé par là et ne s'en étaient pas plus mal trouvés ; leurs enfants pouvaient bien subir les traitements dont ils avaient eux-mêmes pâti.

Les témoignages abondent, aussi bien les textes imprimés que les illustrations. Il suffira de jeter les yeux sur cette gravure, extraite d'une *Civilité*

douce. En 1664, d'après un Traité composé en vue de l'Education de Monseigneur le Dauphin, le marquis du Châtelet écrivait : « Il n'est point ici question de férule. *Un Dauphin de France doit être conduit par la gloire et par la douceur...* On ne le doit détourner du vice que par les chemins de la vertu. » *Traité de l'Education de Mgr le Dauphin*, par Paul Hay du Chatelet, Paris, 1664, 288. Cependant, Bayle, Fénelon (*Avis à une dame de qualité pour l'éducation de sa fille*), jusqu'au vertueux et paternel Rollin, sont d'avis qu'il est « des natures *qu'il faut dompter par la crainte* » ; mais, ajoute Bayle, « quand on ne pourra faire autrement. » *Commentaire philosophique*, etc., 3e partie, n° XXVII.

(1) *Essais*, livre I, chap. XXV ; liv. II, chap. VII. Dans le chapitre *De l'Institution des enfants*, il est quelques lignes qu'il convient de relever : « Cette police de la plus part de nos collèges m'a toujours despleu... C'est une vraye geaule de jeunesse captive ; on la rend desbauchée, l'en punissant avant qu'elle le soit. Arrivez-y sur le poinct de leur office, vous n'oyez que des cris, et d'enfants suppliciez, et de maistres enyvrez en leur cholère. Quelle manière pour esveiller l'appétit envers leur leçon, à ces tendres âmes si craintisves de les y guider d'une tronque effroyable, les mains armées de fouets !... Combien leurs classes seroient plus décemment jonchées de fleurs et de feuilles, que de tronçons d'osier sanglans ! J'y ferois pourtraire la Joye, l'Alaigresse et Flora et les Grâces... (*Essais*, éd. Ménard, 1827, t. II, 115).

(2) *Gargantua*, livre I, chap. XXXII ; liv. IV, chap. XXI.

d'Erasme, illustrée par Holbein, où se reconnaît tout de suite « le coup de griffe » du maître.

LA FLAGELLATION.
(D'après Hans HOLBEIN.)

Une autre image (voir page 301) représente un intérieur d'école monacale, au seizième siècle (1), et

(1) Nous devons communication de cette gravure au bibliopole émérite, M. Rahir, successeur du libraire Morgand ; elle a paru dans le catalogue de la vente Destailleurs, en 1891, et le livre dont elle a été extraite, qu'on suppose avoir été imprimé vers 1500, figure au n° 984 de ce catalogue. De cette même époque, une gravure extraite d'un livre d'heures de

montre l'attitude du patient, juché sur les épaules d'un camarade, pour être mieux à portée du correcteur, commodément assis dans sa chaire.

LA MAITRESSE D'ÉCOLE.
(D'après ABRAHAM BOSSE, XVIIe siècle.)

Nous retrouvons le paquet de verges dans une gravure de ce peintre inimitable des mœurs du dix-septième siècle, qui se nomme Abraham Bosse. Le

Simon VOSTRE, est reproduite dans le *Grand Almanach français illustré*, publié en 1892, par le *Musée des Familles* (V. la planche de février de cet almanach).

UNE ÉCOLE ALLEMANDE AU XVIe SIÈCLE.

(*Musée Pédagogique de Paris.*)

« Maistre d'Ecole », comme le dit la légende qui accompagne cette œuvre gravée,

LE MAITRE D'ÉCOLE.
(D'après Abraham Bosse, XVIIe siècle.)

Accoustumé parmi le bruit
Que font les enfants qu'il instruit,
Joint les verges à la parolle.

Lorsqu'elle évoque ses souvenirs d'enfance, Madame de Maintenon raconte que, lorsqu'elle avait dix ans, elle était élevée chez sa tante, Mme de Villette. On passait alors aux petites filles de « médire, mentir... disputer mal à propos » ; voire même « des dévotions ou fausses ou superstitieuses et de travers, sans aucune correction des plus grossiers défauts »; mais la plus grande faute, aux yeux des gouvernantes, c'était « de chiffonner son tablier, d'y mettre de l'encre : c'est un crime pour lequel on a bien le fouet, parce que la gouvernante a la peine de les blanchir et de les repasser ; mais mentez tant qu'il vous plaira, il n'en sera ni plus ni moins, parce qu'il n'y a rien là à repasser ni à raccommoder (1) ».

Ce qu'il faut ne pas perdre de vue, c'est qu'au dix-septième, comme au seizième siècle, on se fait une idée toute autre qu'au temps présent, de la « dignité » des gamins paresseux ou indociles. Nos idées actuelles auraient paru à nos pères ridicules ; ils ne les auraient pas comprises. Non point que la discipline ait toujours été aussi rigoureuse qu'elle le fut, au dire de Rabelais, « au collège de pouillerie qu'on nomme Montagu (2) » : Ponocrates eût préféré mettre son élève Gargantua « entre les guenaux de Saint-Innocent... car trop mieux (dit-il

(1) Mme de Maintenon, *Lettres et Entretiens*, t. II.

(2) Erasme, qui avait passé par Montagu (ou Montaigu), a rapporté que, dans ce collège, les œufs étaient souvent pourris, le vin tourné ; en 1575, on y buvait du cidre gâté ; l'eau

LE FOUET A L'ÉCOLE.
(Estampe du XVIe siècle.)

à Grandgousier) sont traités les forçaires (forçats) entre les Maures et Tartares, les meurtriers en la

du puits était nauséabonde. Le repas le plus substantiel n'était composé que de quelques fruits cuits, une bouchée de légumes grossièrement préparés et un œuf : on pouvait avoir un demi-hareng en place de l'œuf, et à qui ne voulait pas de fruits, on accordait la trentième partie d'une livre de beurre. « Montaign connut la rude discipline de Pierre Tempête... le plus

prison criminelle, voire certes les chiens... que ne sont ces malotrus audit collège... ». De pareils excès n'auraient pas été tolérés dans les autres établissements d'instruction, et l'on cite tel régent poursuivi en justice, pour avoir fait subir des mauvais traitements aux élèves de sa classe; tel autre qui avait perdu sa place, pour avoir « outragé » un enfant à coup de poings. Mais si on réprouvait en général la cruauté et la barbarie des procédés, nul ne se plaignait, personne n'était choqué de l'emploi des verges ; au besoin, les parents poussaient les maîtres à ne pas les ménager à leurs enfants, et ceux-ci les acceptaient avec une résignation qu'expliquaient la tradition et l'habitude ; ils allaient parfois jusqu'à en plaisanter (1).

C'est une exception, quand ils protestent en masse contre une punition trop sévère infligée à un camarade fouetté pour avoir assisté à « quelques balets » et avoir sauté par-dessus les murailles de l'Académie ; le plus souvent tous acceptent le châtiment en usage, même s'ils n'en comprennent pas toujours le motif.

grand fouetteur de la Renaissance. » Cf. un très intéressant article de M. G. Dupont-Ferrier, dans le *Journal des Débats* du 9 octobre 1909, d'après le travail très étudié de M. Marcel Godet, sur le collège de Montaigu, travail publié dans la *Revue des Etudes Rabelaisiennes.*

(1) V. le récit rapporté par le pasteur P. de Félice (*Les protestants d'autrefois ;* éducation, instruction ; Paris, 1902 ; 155 et s.)

Ainsi, dans une petite ville de la Drôme, à Die, ne sont tenus de parler latin que les élèves des quatre premières classes ; mais il est interdit à tous, sous peine du fouet, de parler patois ; quant au français, on n'est fouetté que si l'on est surpris le parlant, après deux ou trois remontrances successives. Et ce qui se fait à Die s'observe à peu près partout (1).

Il y a aussi les jeux interdits, pour lesquels on reçoit « sur le dos », selon l'euphémisme d'un pédagogue. Sont défendus tous les jeux qui ne favorisent pas l'exercice corporel ; de même, ceux où l'on joue pour de l'argent ou tout autre gain : jeux de cartes ou de dés, par exemple. On ne doit vendre ni aliéner les livres, sacs, ceintures, etc.; ne se livrer en un mot à un commerce quelconque à l'école ; sont également passibles du fouet « ceux qui jouent ou s'amusent dans les cabinets, ou y restent plus longtemps que de raison. »

Dans tous les établissements où l'on forme l'enfant, où l'on cultive son cœur et son esprit, aussi bien à Port-Royal que chez les Jésuites, on usait de la discipline. Il y a pourtant tel janséniste, comme Varet, qui ne craint pas d'écrire que la « rigueur recommandée par l'Ecriture s'exerce bien plus parfaitement et mieux selon l'esprit de Dieu, par le refus d'un baiser ou des caresses ordinaires que par

(1) De Félice, *op. cit.*, 266.

les verges (1). Ce n'est pas qu'on veuille leur épargner la douleur : « S'ils ont, ajoute le rude janséniste, quelques infirmités et quelques maladies,

LA FUSTIGATION.
(Miséricorde de stalle de l'église de *Brou*, BOURG.)

quoique vous n'épargniez rien secrètement pour les soulager et pour les guérir, tâchez néanmoins de leur faire aimer les souffrances. »

(1) *De l'éducation chrétienne des enfants.* Paris, 1668.

VI

Pour ce qui est des Jésuites, il semble qu'on ait exagéré la rigueur de leurs règles pédagogiques. Nombre d'histoires, dont quelques-unes ne sont que des contes, ont contribué à leur faire cette réputation ; celle-ci, entre autres, que nous communique un de nos collaborateurs bénévoles, et qu'il a extraite des *Mémoires du comte de Bonneval.*

Le marquis de C..., capitaine de cavalerie, depuis un an ou deux, était en garnison aux environs de Strasbourg. Il y allait souvent et y avait fait une maîtresse. Mais il la quitta d'une manière assez choquante. Elle résolut de s'en venger et le fit de la manière la plus cruelle.

Elle imagina d'écrire au Recteur des Jésuites, au nom du marquis de Louvois. La lettre portait qu'un tel, officier de cavalerie, viendrait le trouver, que le roi souhaitait qu'il lui fît donner 25 coups de fouet par le correcteur de son collège, en présence de trois ou quatre religieux les plus respectables. On marquait, dans cette lettre, que le patient s'appuierait sur la table et qu'il aurait les pouces en croix pendant l'exécution, qu'il donnerait 10 louis au correcteur et le remercierait de la correction qu'il lui aurait donnée. La lettre finissait par un ordre à ce recteur de rendre un compte exact de la manière dont tout se serait passé.

En même temps que cette ridicule lettre se lisait chez les Jésuites et qu'ils se réjouissaient d'avoir la confiance de M. de Louvois, le capitaine de cavalerie en reçut une de la même main, où on lui marquait d'aller le vendredi suivant trouver le correcteur des Jésuites, qui lui signifierait les ordres du roi. Il attendit ce jour avec impatience et se rendit au collège des Pères à l'heure indiquée. C'était

8 heures du matin. D'abord on le fit entrer seul dans une salle intérieure et on lui intima les ordres qui le regardaient. Ces religieux imbéciles qui ne comprenaient pas que ces ordres, accompagnés de tant de circonstances ridicules, ne pouvaient venir de la cour, exhortèrent, par toutes sortes de motifs d'intérêt et de religion, ce capitaine à se soumettre. Il eut la bêtise de les croire, se mit lui-même en état et fut vivement étrillé. Ce traitement fut accompagné d'une mercuriale, que sa maligne *demoiselle* avait dictée. Il donna 10 louis au correcteur, le remercia, et les Jésuites lui promirent le secret.

Pour mieux juger des méthodes éducatives des Jésuites, il est préférable de consulter leur *Ratio studiorum*, publié en 1599 ; or, ce *Ratio* prescrit de ne recourir à la punition qu'à la dernière extrémité.

Que le maître, y est-il dit, ne se presse pas de punir ; qu'il ne pousse pas l'inquisition trop loin, qu'il fasse semblant de ne pas apercevoir les fautes commises, quand il le peut sans compromettre l'intérêt de l'élève.

Dans un autre passage, ils recommandent d'éviter de leur donner des coups, autant que possible ; du reste, ils se sont interdit de manier eux-mêmes la férule. Un correcteur spécial, attaché à l'établissement, mais qui ne faisait point partie de l'ordre, était chargé d'administrer la fessée. Ce correcteur était un domestique, le cuisinier ou le portier ; ailleurs, on avait recours à un misérable artisan du voisinage, auquel on allouait une petite somme (1) pour remplir cet office.

(1) A Gray, les gages du correcteur étaient de 30 livres par an (GODARD, *Histoire de l'ancien collège de Gray*,

Je suis plus maître dans ma Classe
Qu'un Monarque dans ses Etats
Mes Ecoliers tremblans n'y soufflent même pas ;
J'y tonne, et dans l'instant le coup suit la menace
Quel plaisir d'être craint ! Je goûte des douceurs
A les faire souffrir, à voir couler leurs pleurs.
C'est cruauté, dit-on, vengeance humeur colere
N'importe ; étant Jésuite on a droit de tout faire.
Ça donc, cher Correcteur, sois plus dur qu'un rocher,
Frappe fort et long-tems. tu le peux à ton aise ;
Un large et gros Manant, assis sur cette chaise,
Te tient tous les Enfans que je fais écorcher.

N. Salelles de la Compe. de Jesus, Régent de Cinqe.

Dans la province de Toulouse, au collège de Rodez, par exemple, on procédait autrement.

Les Jésuites choisissaient un écolier, gaillard solide, pauvre diable qu'ils élevaient gratuitement, à condition qu'il voulût se charger de fouetter ses camarades, s'il y avait nécessité (1). La victime était attachée aux barreaux d'une chaise et l'exécution avait lieu en pleine classe, sous les yeux du régent et aussi des camarades du patient (2).

Le nombre de coups, pour chaque correction, était de 70 à 80 ; on n'en donnait jamais moins de 40 ; on allait parfois jusqu'à 200 et 300.

Il était défendu au patient de crier et ordonné à l'exécuteur de mettre quelques secondes d'intervalle d'un coup à l'autre, afin qu'ils fussent plus sensibles (3).

1557-1792, 180). Au collège de Clermont, en Auvergne, le « flagellateur » exigeait douze sols par séance, mais « il ne mettait point de bornes à la générosité de ceux dont il exécutait les ordres, et il s'en trouvait quelques-uns qui lui donnaient jusqu'à trois livres. » *Mémoires historiques sur l'Orbilianisme et les correcteurs*. Parfois, c'était la victime elle-même qui rétribuait son correcteur. (Cf. dans le *Bulletin de la Société hist. et archéol. de l'Orne*, 1892, un travail de l'abbé FREBER).

(1) COMPAYRÉ, *Histoire critique des doctrines de l'éducation en France*, t. I, liv. II ; t. II, liv. VII.

(2) Voir la gravure qui se trouve à la p. 15 d'une *Civilité puérile et morale* (de la fin du dix-septième siècle), rééditée par Gabriel VICAIRE, en 1890.

(3) Pour plus de détails, M. Compayré renvoie au pamphlet publié, en 1764, sous ce titre : *Mémoires historiques sur*

Sous le règne du Grand Roi (1), l'opinion publique se prononça en faveur des corrections manuelles avec tant de force, que les corps élus ne jugèrent pas indigne d'eux, en maintes circonstances, de ramasser les verges échappées des mains de maîtres trop indulgents (2). Et cependant, on n'usait guère de ménagements, en général (3); on n'avait de considération ni pour l'âge, ni pour la condition : l'épisode qu'a conté Saint-Simon du fils aîné du marquis de Boufflers en est la preuve.

l'Orbilianisme et les correcteurs des Jésuites, et aux *Mémoires de l'Académie des Sciences, Inscriptions et Belles-Lettres de Toulouse*, 1878. Le pamphlet a été imprimé à Genève, en 1763 : il s'y trouve en tête, une curieuse gravure que nous reproduisons p. 307, d'après l'exemplaire en notre possession.

(1) V. le *Bourgeois gentilhomme*, de MOLIÈRE (*Interméd.*, 10 juillet 1896, col. 11).

(2) En parcourant les délibérations du conseil d'une petite ville de Franche-Comté, nous relevons qu'à la date « du 17 de juillet 1697, l'on a donné commission à MM. Tranchand et Foillenod de veoir le révérend Père recteur des Jésuites et luy faire plainte du procédé de certains régens, qui ne voulloient point corriger leurs escolliers, afin de les obliger de le faire et les faire chastier et fouetter ». *Archives historiques*, etc., (1889-1890), 462.

(3) Vers la fin du dix-septième siècle, il se manifestait déjà, dans certains collèges, un esprit d'indiscipline qu'il n'était pas toujours aisé de réprimer. Au collège de l'Oratoire, de Troyes, les Pères usaient, au besoin, des grands moyens, c'est-à-dire l'humiliation par le fouet, et rencontraient parfois de la résistance. Les écoliers, qui avaient le sentiment de leur dignité, refusaient de se soumettre à la correction, et il fallait en venir à la peine de l'exclusion (G. CARRÉ, *op. cit.*, 101-2).

C'était un enfant, presque un jeune homme, de quatorze ans (1), « joli, bien fait, qui « réussissait à merveille » et « promettait toutes choses ». Il était pensionnaire aux Jésuites, avec les deux fils d'Argenson.

« Les Pères voulurent montrer qu'ils ne craignaient et ne considéraient personne et fouettèrent le petit garçon, parce qu'en effet ils n'avaient rien à craindre du maréchal de Boufflers ; mais ils se gardèrent bien d'en faire autant aux deux autres, quoique également coupables, parce qu'ils avaient à compter tous les jours avec Argenson, lieutenant de police. Le petit Boufflers fut saisi d'un tel désespoir qu'il en tomba malade. En quatre jours, cela fut fini... (2). » Le fait avait lieu en 1711 (3). « Ce fut un cri universel, dit le mémorialiste, mais il n'en fut autre chose. »

Dans une société où le faisceau de verges était regardé comme l'auxiliaire indispensable de l'éducation, l'indignation ne pouvait être de longue du-

(1) Peut-être était-il un peu plus âgé, car il était déjà gouverneur de Flandre en survivance et colonel du régiment de son nom ; son camarade, d'Argenson, qui a narré l'incident, avait, à cette époque, dix-sept ans.

(2) Saint-Simon, t. IX. La vérité est que le jeune Boufflers mourut de la petite vérole ; que la maladie l'ait atteint, parce qu'il était déjà très déprimé, par suite de l'outrage qu'il avait reçu, cela peut, à la rigueur, se soutenir.

(3) On continuait à donner la fessée sous la Régence (*Intermèd.*, 30 oct. 1896, col. 538).

rée (1) ; aussi, à la ville comme à la campagne (2), ne se faisait-on faute de le manier. Nous ne citerons qu'un cas, parce qu'il rappelle le nom d'un romancier connu : le grand-père de Rétif de La Bretonne administre à son fils âgé de 18 ans, trois coups de fouet, qui le font saigner à travers la chemise, parce que le jeune homme a parlé plusieurs fois à une jeune fille sans sa permission ; ce même fils, devenu plus tard père de quatorze enfants, les châtiera avec plus de mesure : en cas de punition grave, il les me-

(1) Il y eut, parfois, cependant, des révoltes individuelles ; il suffira de rappeler le cas de cet écolier de Montaigu, du nom de Pilleron, qui, condamné au fouet, s'arma d'un couteau et en frappa de deux coups mortels le correcteur qui s'apprêtait à « instrumenter ». Le meurtrier étant mineur, sa famille fut condamnée à donner à la veuve de la victime douze cents livres, à titre de dommages et intérêts. Le principal, « qui n'avait fait, après tout, qu'obéir aux précédents et aux coutumes », fut destitué. (*Galerie de l'Ancienne Cour*, 1789, t. IV, 371-2 ; cf. *Interméd. des Chercheurs et Curieux*, 1889, col. 478).

(2) Et nous pourrions ajouter, à peu près dans tous les pays, notamment en Hollande (V. le tableau de Van Ostade, représentant une école de village au dix-septième siècle) ; et en Allemagne, comme le montre ce document qui nous est communiqué par le docteur Larrieu : « Un pédagogue allemand, Haubéele, originaire de Wurtemberg et qui vivait au dix-septième siècle, a laissé une réputation, paraît-il, dans toute l'Allemagne, comme donneur de coups de fouets, bâton ou baguette ; on a même fait le calcul — approximatif sans doute — de tout ce qu'il a administré, en fait de châtiments, à ses élèves, pendant les cinquante-une années de son professorat : coups de fouet, bâton ou baguette, 1.035.527 ; de férule, 20.987 ; 1.115.000 chiquenaudes ; 18.230 soufflets, etc. »

naçait seulement du fouet, et mettait une semaine de distance entre la sentence et le châtiment qui la

LE MAÎTRE D'ÉCOLE

devait suivre, afin qu'elle fît plus d'impression sur le coupable (1). Le père de Rétif (2) s'était laissé sans doute gagner par les doctrines qui commençaient à se répandre.

(1) Alb. BABEAU, *La Vie rurale dans l'ancienne France*, chap. XI.

(2) Cette autorité du père sur ses enfants, vieux reste de la barbarie romaine, se retrouvait encore, il y a peu de temps, au moins dans nos campagnes. Ce passage du *Journal des Goncourt* est, à ce point de vue, caractéristique : à la campagne, dans l'Aisne, un vieux médecin (ami des Goncourt) vient de marier sa fille. Elle a une querelle avec son mari. Le père l'empoigne vigoureusement sous son bras, trousse ses jupes, détache son pantalon, la fesse d'importance, puis dit paisiblement à son gendre ébahi : « Da ! la voilà calmée ! »

Le vertueux et timoré Rollin, s'inspirant de Locke (1), dans la question des châtiments, sans se prononcer absolument, comme l'éducateur anglais, contre l'usage du fouet, penche néanmoins du côté de la douceur. Mais il est chrétien avant tout, et comme il connaît mieux que personne les textes de la Bible dont l'interprétation est favorable à l'emploi des verges (2), il hésite et arrive à conclure que les châtiments corporels sont permis, mais qu'il ne faut en user que dans les cas extrêmes, et quand tout autre moyen a échoué.

Dans une liste du personnel du collège Mazarin ou des Quatre-Nations, datant du dix-huitième siècle, se trouve cette mention :

CHEVALLIER,
frotteur de la bibliothèque et correcteur.

Cet humble fonctionnaire représentait une institution conservée presque intacte à travers les siècles ; en tout cas, au dix-huitième, le correcteur exerçait encore son ministère.

(1) Locke condamne formellement l'usage du fouet, sauf pour l'obstination ou la désobéissance volontaire : *obstinacy or rebellion* (Cf. COMPAYRÉ, *op. cit.*, t. II, chap. I, 27). Et c'est toujours par l'intermédiaire d'un domestique que la punition est infligée.

(2) « Celui qui épargne la verge hait son fils. Mais celui qui l'aime s'applique à le corriger. » *Proverbes*, XIII, 24.

« La folie est liée au cœur de l'enfance et la verge de la discipline l'en chassera. » *Id.*, XXII, 15.

Que les temps sont changés ! s'écriait Caraccioli, sous Louis XVI. On ne punit presque plus, on conduit par l'honneur plutôt que par le châtiment, *quoique la méthode indécente et barbare d'employer des verges pour corriger un solécisme ne soit pas encore abolie.*

Le fouet n'avait pas encore cessé de faire partie du matériel scolaire dans la seconde moitié du dix-huitième siècle. L'auteur des *Souvenirs d'un Nonagénaire* (1), rapporte que le principal du collège, où il fit ses études, ne paraissait dans sa classe, qu' « armé d'une baguette plate de baleine, contenue aux deux bouts par une petite plaque d'argent, avec laquelle il frappait, sans dire gare, sur les mains ou les doigts des élèves cancres ou inattentifs. Il tenait en outre à proximité une *férule* et un *martinet*, espèce de *disciplines* (2), avec lesquelles (*sic*) il infligeait les punitions corporelles, auxquelles il venait de condam-

(1) *Mémoires de François-Yves Besnard*, publiés sur le manuscrit autographe par Célestin PORT, t. Ier, 23-4. Paris, Angers et Le Mans, 1880.

(2) Le mot *discipline*, du latin *disciplina*, signifie, proprement, éducation, instruction de la jeunesse, règlement, ordre, conduite. C'est vers le milieu du Ve siècle, d'après G. PEIGNOT, que son emploi aurait changé, « au point de désigner non seulement un châtiment volontaire, mais même l'instrument qui sert à ce châtiment. » Pour les détails, cf. *Recherches historiques sur l'origine et l'usage de l'instrument de pénitence appelé* DISCIPLINE, note 1 de la p. 3 dudit opuscule, de l'auteur précité. La discipline était encore un meuble familier dans la bourgeoisie, au XVIIe siècle, jusque dans les dernières années du règne de Louis XIV. Qui ne se souvient du vers que Molière met dans la bouche de Tartufe

Laurent, serrez ma haire (cilice) avec ma discipline !

Dans les cloîtres, l'usage en subsista longtemps, et nous ne répondrions pas qu'il ait complètement disparu.

ner les délinquants. Les cris plus ou moins navrants des camarades qui se trouvaient frappés de n'importe lequel de ces instruments de correction, *dont le plus redoutable était le fouet*, ne tardèrent point à se faire entendre ; car le vieillard, naturellement colérique, semblait être toujours aux aguets pour saisir l'occasion de s'en servir ».

Le cri de l'étudiant d'Erasme : *Vœ nostris natibus*, restera le mot d'ordre jusques et au delà l'époque révolutionnaire. Dans les années qui précèdent le cataclysme, une des rares institutions auxquelles on ne songe pas à porter atteinte est celle de la fustigation. L'abbé Morellet raconte qu'il était fouetté tous les samedis chez les Jésuites. Voltaire avait gardé des coups un cuisant souvenir. Marmontel, élève de philosophie, n'avait évité le fouet qu'en mettant son collège en révolution. La Reveillère-Lepeaux, élevé en demi-pension chez un abbé, attribuait la difformité de sa taille et la faiblesse de sa poitrine « aux coups redoublés sur le dos » que lui avait administrés son précepteur, « sans compter cette indécente correction qu'on n'aurait jamais dû permettre dans les écoles et qu'il aimait fort à prodiguer et les coups les plus cruels sur toutes les parties du corps (1) ». Enfin, le dramaturge Guilbert de Pixérécourt va jusqu'à prétendre qu'il avait contracté, dès son jeune âge, des dispositions à la goutte, à force de s'age-

(1) *Mémoires*, I, 9.

LE MAGISTER DU VILLAGE.

(D'après un dessin de CHARLET, lithographié par VILLAIN.)

nouiller sur le seuil en pierre de la porte d'entrée, pour recevoir la correction que lui avait méritée sa conduite en classe : étant en troisième au collège de Nancy (1783), il s'amusait, dit-il, à lancer adroitement des boulettes de mie de pain, en prenant pour cible son professeur, « ce qui égayait singulièrement toute la classe », ce que nous croyons sans peine.

Nous avons dit, à une autre place (1), que Chateaubriand, Mme Roland ont subi le même traitement, en dépit de leurs protestations aussi superflues que courroucées.

Au collège de Troyes, quelques années à peine avant la Révolution, le régent de rhétorique veut faire donner la férule à un de ses élèves ; les autres s'exclament et s'indignent : la férule à un rhétoricien, un élève de 18 ans condamné à subir une punition qu'on n'inflige qu'à des enfants ! Une voix s'élève, à laquelle fait chorus la classe tout entière, une voix sonore, tonitruante. Ce précoce orateur, dont c'était le premier triomphe, n'était autre qu'un futur tribun : c'était Danton (2). Quant à l'élève dont Danton s'était institué l'avocat d'office, il s'appelait Paré ; le ministre de la justice de 1792 en fera un ministre de l'intérieur en 1793 : les amitiés de collège servent quelquefois.

(1) Cf. les *Indiscrétions de l'histoire*, t. I. (La flagellation dans la littérature; la flagellation à la Cour et à la Ville.)

(2) HAMEL, *Histoire de Juilly*, t. I, 323 ; cf. Gustave CARRÉ, *op. cit.*, 200 et s.

Le fouet était encore en usage au collège de Juilly, même à la veille de la Révolution. Le marquis de Coriolis, rappelant les corrections qu'avait reçues un de ses condisciples, le brave colonel Muiron, s'écriera :

Oh ! que de fois j'ai vu, sous le bouleau rougi,
Ce que tu ne montras jamais à l'ennemi (1) !

La Révolution supprima le fouet (2) : le 27 septembre 1792, Chaumette obtint l'abolition de la peine du fouet dans toutes les écoles publiques et privées (3) ; mais le décret devait rester lettre morte ou à peu près : on fouettait encore sous le Consulat (voir la gravure de la page 11 de l'ouvrage de Henri BOUCHOT, sur l'*Empire*).

On retrouve la férule dans les écoles de la Restauration (4) : les lithographies de Charlet et des témoignages contemporains (5) sont pour l'attester.

Que dis-je ! on fouettait les écoliers sous Louis-Philippe : au rapport de Louis Veuillot (6), l'Université fouettait encore entre 1830 et 1838, du moins dans certaines maisons : à Louis-le-Grand, on avait

(1) *Les Bourgeois d'autrefois*, par A. BABEAU. Arnault parle aussi des corrections employées à Juilly et d'une insurrection qui éclata dans ce collège, à propos d'un préfet dont on était mécontent. (*Souvenirs d'un sexagénaire.*)
(2) V. l'*Intermédiaire*, 1896, col. 23.
(3) *Mémoires de Chaumette, sur la Révolution du 10 août* 1792, XII.
(4) *Intermédiaire*, 10 juillet 1896, col. 22.
(5) *Intermédiaire*, 1889, loc. cit., col. 479.
(6) *Mélanges*, 264.

transformé en cachots certaines petites chambres de l'ancien quartier de rhétorique et un gardien était chargé de surveiller le travail du *pensum*. Il ne faisait pas mystère des moyens qu'il employait pour réveiller ses prisonniers. « Je leur ai soigné le cuir », avait-il coutume de dire. Un autre journaliste notoire, rédacteur en chef de l'*Univers*, M. Laurentie, se rappelait le temps où l'on voyait, à l'école, « un vieux maître, armé d'une férule ou d'un martinet », et où il entrevit, « dans le cabinet d'un proviseur célèbre, l'instrument si honni aujourd'hui ». Les journaux ont relaté naguère l'histoire de cet autre proviseur de Paris, assistant à l'exécution d'un enfant, sous les yeux de son père, en présence de sa division, par les mains d'un domestique nègre. Ce sont, hâtons-nous de l'ajouter, coutumes aujourd'hui disparues et dont nos mœurs actuelles auraient de la peine à s'accommoder.

Il est, cependant, deux pays voisins du nôtre, où les verges ont conservé leur place d'honneur : nous entendons parler de l'Angleterre (1) et de l'Allemagne (2).

(1) Sur les châtiments corporels employés encore, en des temps peu éloignés du nôtre, dans la Grande-Bretagne, on peut consulter avec fruit les ouvrages de MAX LECLERC, *L'Education des classes moyennes et dirigeantes en Angleterre* : André LAURIE, *La vie de collège en Angleterre*; et ceux d'HECTOR FRANCE, *La pudique Albion* ; F. de JUPILLES, etc. V. encore l'*Interméd.*, 10 août 1896, col. 148 et s.

(2) Nous mettons à part l'Amérique, où le fouet a reçu un perfectionnement auquel on devait s'attendre dans le pays

Un usage des collèges anglais, que nos lycéens n'accepteraient pas volontiers, est celui que nos voisins d'outre-Manche désignent sous le nom de *flogging* (substantif dérivant du verbe *flog*, qui signifie

d'Edison. Les journaux de Chicago ont rapporté, il y a quelques années, que la direction de l'Ecole industrielle, pour jeunes filles, de Denver, venait de mettre en pratique un appareil flagellatoire mû par l'électricité. L'appareil en question a la forme d'une chaise, à laquelle il manquerait le fond ou le cannage. La patiente est tenue de s'asseoir sur ce siège, évidemment après avoir préalablement découvert... ce que l'on suppose. La chaise est suffisamment élevée, pour permettre à quatre battoirs, fixés au-dessous d'elle, d'opérer librement un mouvement rotatoire, plus ou moins rapide, selon la volonté de l'opérateur, qui n'a qu'à mettre en action une batterie électrique, mise en communication avec la chaise au moyen de fils métalliques. Les battoirs ont l'avantage de produire un travail régulier, et de n'imposer aucune fatigue à l'opérateur. En un mot, l'opérateur n'a qu'à presser un bouton et la chaise fouetteuse fait le reste. Ingénieux, mais peu pratique... en dehors de l'Amérique. Nous devons dire, cependant, qu'en Angleterre, on vanta, il y a quelques années (1901), la supériorité d'un instrument de flagellation, le *Castigateur orthomatique*, grâce auquel la punition est exactement proportionnée au méfait commis. L'éducateur n'a pas à intervenir, tout se fait mécaniquement (a). Un maître d'école proclamait que cet instrument donnait la même satisfaction que les fessées, et sans aucune fatigue... pour le maître. De leur côté, les parents se déclaraient très satisfaits de ce nouveau mode de correction. N'avons-nous pas vu, d'ailleurs, se former aux Etats-Unis, un Club des mères, qui fit campagne pour que le fouet fût maintenu dans les écoles ? Les mères de Haverford étaient d'avis que seul le fouet, judicieusement appliqué, peut donner des résultats appréciables; une commission fut nommée, en vue de codifier le nombre des coups de fouet à administrer, suivant l'âge et la nature des délits.

(*a*) Dans un journal très répandu (en 1877), nous décou-

UNE ÉCOLE ESPAGNOLE au début du XIXe siècle.
(D'après une peinture de N. RUIS DE VALDIVIA, Exp. de 1871.)

fouetter). Un insulaire a rapporté (1) qu'il vit, un jour, un grand jeune homme mesurant six pieds de haut, auquel on s'apprêtait à donner les étrivières.

Il avait acheté une commission dans la cavalerie et devait quitter le collège pour rejoindre son régiment quelques jours plus tard. Ayant trop copieusement fêté Bacchus avant son départ, on l'avait ramené ivre-mort, et pour ce manquement aux usages, il avait été condamné à recevoir le fouet . résigné à son destin, il reçut ses douze coups et se sépara du directeur du collège dans les termes de la courtoisie la plus parfaite.

Ce directeur, le Dr Goodford, était convaincu que le fouet était « le meilleur des instituteurs, et que c'était faire tort à la jeunesse que de le lui servir avec trop de ménagement. » On conte, à cet égard, une histoire peut-être pas très vraisemblable, mais qui doit, néanmoins, reposer sur un fonds de vérité.

Un élève ayant refusé de se laisser fouetter avait été renvoyé de l'école ; à quelque temps de là, pris de remords, il était revenu du Yorkshire à Eton, pour y subir sa peine. M. Goodford venait de partir pour

pons l'annonce qui suit, et qu'on peut qualifier vraiment de suggestive : « A vendre, chez un inventeur américain, actuellement à Paris, une *machine à fouetter*. L'instrument, dit l'annonce, est en bon état et disposé de telle sorte que vingt enfants peuvent recevoir le fouet en même temps. On ne le vend que parce que les sept fils du possesseur ont dépassé l'âge des corrections de ce genre. » Tout commentaire serait superflu.

(1) *Revue des Deux Mondes*, mars-avril 1883, t. LVI, 686.

la Suisse ; le jeune homme s'informe où il peut le rejoindre.

Il se procure un fouet réglementaire, le fourre dans sa malle et se livre à la poursuite de son directeur. Il le manque à Genève, puis à Lucerne, ne parvient à le rattraper qu'au couvent du Grand-

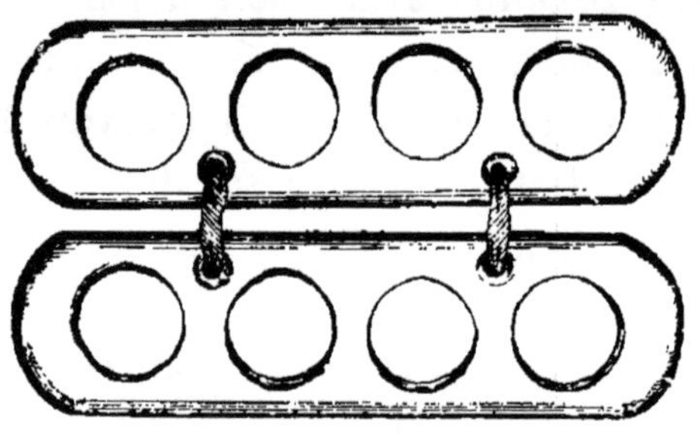

LE PILORI DES DOIGTS,
en usage dans le pays de Galles.
(Cliché CARRINGTON : *Les Châtiments de jadis*, 1902 ; cf. *Médecine internationale*, août 1904, p. 247, note 1.)

Saint-Bernard. Là, M. Goodford, se laissant attendrir par le récit de son odyssée, résolut de récompenser une si louable persévérance ; et ce fut dans le réfectoire du couvent, en présence des moines, rangés en cercle et béants d'admiration, qu'il le fessa vigoureusement ; après quoi, la bouche en cœur, il lui fit cadeau d'un *Guide Murray !* Est-ce assez... anglais !

En Angleterre, on frappe très peu dans les écoles

LE FOUET A L'ÉCOLE, en 1810.
(D'après une lithographie de CHARLET.)

du peuple, tandis que dans les établissements d'instruction secondaire (1), le fouet constitue à peu près l'unique punition. En Allemagne, c'est l'inverse : on châtie corporellement les enfants des écoles primaires, de 6 à 14 ans, soit de coups de jonc sur les mains, soit du fouet.

L'ex-kaiser avait rédigé, il y a quelques années, une circulaire, pour inviter les maîtres à ne pas abuser des châtiments corporels, mais en ayant soin de spécifier que l'usage du fouet, ou, à son défaut, de la baguette de jonc, serait maintenu. Nous devons à la vérité de déclarer que ces châtiments

(1) Cf. un travail de MM. Demogeot et Montucci, sur l'*Enseignement secondaire en Angleterre et en Ecosse*, analysé dans les *Petites Chroniques de la Science*, de S.-Henry Berthoud, t. VIII, 168 et s. L. Veuillot n'a pas manqué de faire allusion à ces mœurs anglaises, dans le recueil de ses *Mélanges*. Ce passage mérite d'être ici rapporté : « L'Angleterre fouette, et sa jeunesse, pépinière d'hommes libres et forts, est fouettée. Il n'y a pas peut-être un pair du royaume, un député, un évêque, qui n'ait été fustigé jusqu'au sang, et non pas seulement pour indiscipline, mais pour des fautes de qualité en vers grecs et latins. Il faut que le sens de la quantité entre dans les oreilles anglaises, il y entre par là. Le patient est placé sur un cheval de bois *ad hoc* et administré devant la classe entière : *Tantæ molis erat !*... Pitt, Fox, O'Connell, Gladstone, ont fait ces chevauchées, comme Louis XIV. Un jour, le prince Albert, époux de la reine Victoria, prit à part son fils le prince de Galles, lui remontra certaines fautes où il s'obstinait, et puis, en vertu du texte sacré, dont il lui donna préalablement lecture, l'humilia d'une correction manuelle dont le royal enfant pût se souvenir. »

doivent être donnés à la fin de la classe, et à huis clos. Deux témoins seulement assistent au spectacle : un confrère du bourreau et le directeur de l'école.

Si le délinquant est une patiente, le règlement dit « qu'il ne doit rien être fait qui puisse offenser la pudeur » ; ne sont exemptés de la fustigation que les enfants faibles ou malades. Ce mélange de sentimentalisme et de brutalité est bien dans la note de la prude Germanie.

LA PÉNITENCE DES JUIFS ALLEMANDS DANS LEUR SYNAGOGUE.
(Estampe du XVIIIe siècle.)

CHAPITRE SIXIÈME

LE FOUET, INSTRUMENT DE RÉPRESSION

Dans un hypogée, creusé et sculpté dans le roc, que des fouilles faites en Egypte ont mis naguère à découvert, on voit un homme entièrement nu, couché sur le ventre. Un exécuteur lui tient les pieds assujettis ; un second est occupé à maintenir les bras du patient allongés au-dessus de sa tête ; tandis qu'un troisième se dispose à mettre en jeu messire Bâton : ce simple document prouve que la bastonnade, qui n'est qu'une variante de la peine du fouet, remonte à une époque déjà fort ancienne.

L'épisode relaté par Homère nous revient à ce propos en mémoire. Homère rapporte qu'au siège de Troie, dans un conseil de guerre où les rois venaient de se lancer publiquement à la tête les plus grossières injures, un guerrier difforme, Thersite, s'étant permis contre le général en chef un discours trop hardi, en fut réprimandé par Ulysse, et châtié par ce prince.

Ulysse dit : aussitôt, de son sceptre, il frappe Thersite à nu sur le dos et sur les épaules ; Thersite se courbe en versant des pleurs. Sous les coups du sceptre d'or, on voit s'élever sur son dos une tumeur ensanglantée. Il tremble, il s'assied saisi de douleur et d'effroi ; il jette, en essuyant ses larmes, des regards qui ne touchent personne, et le rire éclate parmi les Grecs...

D'où l'on peut conclure que les sceptres et généralement tous les bâtons de commandement ne furent, dans le principe, que des instruments de correction.

En Israël, ni le roi, ni le pontife, ni aucun des lévites, n'avaient le droit, personnellement, de faire bâtonner, ni censurer, ni excommunier ; la juridiction criminelle était exercée par une assemblée de juges, comparables à nos jurés actuels.

La loi voulait que le nombre de coups fût proportionné au délit.

Si celui qui aura fait la faute mérite d'être battu — lit-on dans le chapitre vingt-cinquième du *Deutéronome*, — les juges ordonneront qu'il soit couché par terre et qu'il soit battu devant eux. *Le nombre des coups se réglera sur la qualité du péché.*

On ne devait pas dépasser le nombre de quarante, on s'arrêtait le plus souvent à trente-neuf, *dans la crainte de s'être trompé en comptant les coups*. Une autre raison de cette modération relative, c'est que la loi divine entendait bien châtier, mais ne voulait pas qu'on dépassât la mesure.

La loi de Manou édicte que les voleurs seront punis par des coups d'une massue de bois ou d'un bâton de fer ; il est permis à l'Indou de châtier, avec le fouet ou avec une baguette de bambou, sa femme, son fils, son serviteur, sa servante, son disciple et son frère puîné (1).

Si nous passons en Perse, nous constaterons qu'on fouettait de verges, lorsqu'ils avaient commis quelques fautes, les seigneurs eux-mêmes ; plus tard, il fut décrété que leurs habits seulement seraient fouettés ; et, au lieu de leur arracher les cheveux, comme on avait coutume de le faire jusqu'alors, on se contentait de leur ôter leur tiare ou leur haute coiffure, en manière de punition.

Les Musulmans ont longtemps observé pareille distinction dans l'application du châtiment aux personnes libres : la bastonnade aux esclaves ; et aux eunuques, le fouet. Les eunuques avaient leur revanche : Montesquieu (2) assure qu'ils étaient chargés de fouetter les épouses et les concubines du Seigneur et Maître ; mais leur restait-il assez... d'âme pour savourer leur vengeance ?

La bastonnade à trente-neuf coups était en vigueur chez les Musulmans, comme chez les Juifs, mais elle se donnait sur la plante des pieds : les disciples du Prophète sont coutumiers de ces raffine-

(1) LANJUINAIS, *La Bastonnade et la Flagellation pénales.*
(2) *Lettres persanes*, 157e et 158e lettres.

ments. A l'imitation du peuple jaune, ils permettent au condamné de se libérer, moyennant finances, et de se faire bâtonner par procuration : il se trouve toujours quelque pauvre hère pour se prêter à cette substitution, qui lui rapporte quelque menue monnaie.

Ces corrections, que nous trouvons humiliantes, ne portent aucune atteinte à l'honneur dans le Céleste-Empire. Il n'est pas si éloigné le temps où l'Empereur chinois faisait, par simple caprice, bâtonner les plus grands personnages, jusqu'aux plus illustres mandarins, et les admettait, presque aussitôt après, à lui présenter leurs hommages. La plupart rachetaient la peine, en versant quelques onces d'or dans les caisses de l'Etat, selon un tarif déterminé et qui ne laissait place à aucune tricherie. Les fils du Ciel ont avec celui-ci des accommodements, ils finissent toujours par composer même avec la loi.

Les Chinois préfèrent la fustigation à la prison, parce que cette dernière peine amène une réduction de leurs salaires ; et cependant, chez le peuple du Jardin des Supplices, on sait que le *flogging* n'a rien de particulièrement réjouissant.

Au pays du Soleil-Levant, dans certaines grandes usines, le traitement que subissent les ouvrières dont les chefs, pour des raisons peu avouables, ne sont pas satisfaits, ne le cède pas en cruauté à celui que nous venons de décrire. Le fait-divers suivant nous dispensera de longs et oiseux commentaires :

Dans les tissages de la province de Saïtama, les autorités se sont décidées à faire arrêter le directeur d'une fabrique de trente ouvrières, un nommé Hatsutaro Kaneko, et sa mère, pour les actes de cruautés commis à l'égard de leurs ouvrières. Celles-ci travaillaient depuis quatre heures et demie du matin jusqu'à neuf et dix heures du soir. La nourriture était abominable. Néanmoins, toute ouvrière n'ayant pas fait un certain minimum de travail, était privée entièrement du repas du soir.

La privation de nourriture n'était même pas jugée suffisante, et, dans certains cas, les malheureuses jeunes filles étaient complètement déshabillées en plein hiver et cruellement fouettées, parfois couvertes de neige, et ainsi exposées en plein air. Deux prisonnières de cet enfer industriel étaient devenues aveugles, par suite du manque de nourriture et des mauvaises conditions hygiéniques.

Dans les gouvernements despotiques, la répartition équitable des peines ne saurait être qu'un vain mot, et, quand disparaissent les libertés politiques, l'arbitraire seul règle les différends.

A Rome, sous le régime impérial, afin de mieux séparer les esclaves des hommes libres, il était établi que, pour le même délit, les premiers seraient fustigés, c'est-à-dire frappés à nu avec des baguettes, des courroies ou des nerfs de bœuf, alors que les hommes libres ne recevraient que le bâton.

L'usage était que tout homme esclave, ou traité comme tel, fût condamné à la flagellation, pour les délits les plus insignifiants. Les guerriers et les citoyens de qualité avaient le privilège de recevoir le bâton. Cette distinction, particulièrement délicate, ne s'observait pas toujours dans la pratique, à moins d'admettre qu'à Rome, on entendît par petites gens, *cives tenuiores* — par opposition aux honnêtes citoyens, *honestiores* — ceux qui faisaient le plus d'honneur à leur pays.

Au début de la République, les deux fils de Brutus furent passés par les verges avant de subir la décollation : d'où l'on peut inférer que la fustigation était, le plus généralement, l'accessoire ou le préambule d'une exécution capitale. Plus tard, ce châtiment ne fut applicable qu'aux coupables d'une condition inférieure.

Lorsqu'un condamné devait être frappé du fouet, un crieur public proclamait, à haute voix, le crime qui allait être expié. Horace parle, dans ses *Epodes*, d'un riche affranchi qui, alors qu'il était esclave, avait été soumis à de si nombreuses flagellations, qu'il avait lassé la voix du crieur public, chargé de proclamer ses méfaits. En Algérie, où beaucoup de coutumes romaines se sont maintenues intactes à travers les siècles, cette institution du crieur public, précédant le condamné dans le trajet de la prison au lieu du supplice et criant la cause de sa condamnation, existait encore vers 1840. « Il y avait, dit un témoin de la scène, quelque chose de solennel et d'effrayant dans cette sorte de chant funèbre. »

Entre autres motifs qui entraînaient la peine de la fustigation dans l'ancienne Rome, la diffamation par paroles proférées publiquement, ou par écrit, comptait au nombre des principaux ; mais les prétextes ne manquaient pas, lorsqu'on voulait atteindre un citoyen, même des plus honorables : l'anecdote que nous rapportons, d'après Suidas, légitimera notre assertion.

Le philosophe Hiéroclès, d'Alexandrie, était un esprit supérieur et un orateur admirable ; par l'abondance et le choix de ses expressions et de ses pensées, il ravissait tous ses auditeurs. Sa fermeté, sa grandeur d'âme relevaient encore l'éclat de son talent ; elles se manifestèrent dans la circonstance que voici : étant allé à Byzance, il fut, sous un prétexte assez vain, traîné devant le tribunal et condamné à être flagellé devant le juge, par six exécuteurs. Indigné de ce traitement barbare, il recueillit, dans ses mains, le sang qui s'écoulait de ses plaies et, le jetant au visage du juge, il lui dit, comme Ulysse à Polyphème (qui venait de dévorer deux compagnons du héros) : « Tiens, Cyclope, bois de ce vin, après que tu as mangé de la chair humaine (1) ! »

Si les hordes qui se partagèrent l'empire romain

(1) *Odyssée*, livre IX, v. 347.

usèrent de la bastonnade, elles eurent le bon goût de n'y soumettre que les esclaves et les colons ; l'exécuteur frappait avec une telle violence que l'on vit parfois des infortunés expirer sous les coups.

A Rome, tout criminel condamné à mort était d'abord battu de verges, quel que fût le supplice auquel il était condamné, soit qu'il fût décapité, comme citoyen romain, soit crucifié, en sa qualité d'étranger ou d'esclave. S'il devait être mis en croix, on le conduisait au lieu du supplice, attaché à la croix avec des clous ou avec des cordes : c'est ce qui se passa pour le Christ. Si Pilate mit plus d'appareil qu'on n'en mettait d'ordinaire, dans la flagellation du Christ, c'est qu'il voulait désarmer la fureur des Juifs en leur présentant Jésus comme suffisamment puni par cette cruelle mise en scène (1).

Avec les institutions impériales, le fouet pénètre en Gaule à la suite des vainqueurs. Les jeteurs de sorts, ceux qui sont soupçonnés de manœuvres occultes, sont condamnés à la fustigation.

Ceux qui se livrent à des maléfices et envoient des tempêtes, dit la loi des Wisigoths, ceux qui, au moyen de certaines paroles, font tomber la grêle sur les vignes et sur les moissons, seront rasés publiquement et recevront deux cents coups de fouet, puis on les promènera autour des champs, afin que leur exemple serve de leçon; et, pour les empêcher de récidiver et les mettre hors d'état de nuire, ils seront enfermés à perpétuité dans une

(1) V. la gravure de la page 259.

prison, où on ne leur donnera que des habits et des aliments (1).

L'esclave conservait la faculté de se réfugier dans les basiliques, toutes les fois qu'il n'avait pas commis un crime entraînant la peine capitale. Il devenait libre de plein droit, lorsqu'on lui avait crevé un œil, ou cassé une dent. Il fut décidé, que dans les cas où il mériterait la fustigation, on le battrait avec des verges, et non avec un gros bâton ; qu'il serait fouetté publiquement, sous la surveillance de l'évêque ou des prêtres, et toujours de manière à ne pas tomber malade des suites de la correction (2).

Les nobles étaient exemptés de ce traitement infamant, réservé aux gens de peu. Un exemple suffira entre mille : tandis que les gentilshommes étaient condamnés à l'amende pour délit de chasse, les roturiers étaient fouettés par la main du bourreau. Cependant, on vit, sous Charlemagne, la peine du fouet portée contre les maîtres qui maltraitaient leurs esclaves ; il était défendu, sous le même règne, aux comédiens, de revêtir les habits ecclésiastiques, au risque d'encourir un châtiment pareil (3).

(1) *Mœurs et vie privée des Français*, par Emile de La Bédollière, t. I, 303.
(2) *Op. cit.*, t. II, 274-5.
(3) *Id.*, ibid., 204, 273-4, etc.

Tantôt on fouettait en public, tantôt entre les quatre murs d'une prison, selon la fantaisie du juge, l'arbitraire seul dictait sa décision.

Mieux valait la manière expéditive de certains rois, comme dom Pedro Ier, roi de Portugal au quatorzième siècle, qui tenait à rendre lui-même « prompte et bonne justice » : le bruit étant venu à ses oreilles de la conduite scandaleuse de l'évêque de Porto, celui-ci fut mandé à la cour ; le roi ordonna qu'on les laissât seuls, et, dépouillant lui-même le prélat, il le mit complètement nu, puis il lui donna la question à coups de fouet, pour lui arracher l'aveu qu'il avait commis un adultère (1).

Un chanoine d'Amiens rappelle, dans son *Rational*, une coutume de son temps, qui autorisait les femmes, une fois par an, le mardi de Pâques, à fouetter leurs maris ; dans d'autres localités, comme Villefranche-sur-Saône, c'étaient les maris qui, par décision pontificale, avaient obtenu la permission d'infliger la même correction à leurs femmes, « jusqu'au sang, toutes fois qu'ils en auraient envie », et de promener toutes nues les épouses coupables par la ville (1373).

La fustigation fut longtemps employée contre ceux qui se livraient au vice de paillardise, pour lequel nos pères se montraient d'ordinaire si indul-

(1) La scène serait décrite dans *Las Cronicas dos Reis de Portugal*, t. II (Lisbon, 1773), s'il faut en croire Lanjuinais, *op. cit*

gents : à la date du 8 juin 1590, un avocat de Dijon, du nom de Richard, reçut le fouet, à Genève, pour « avoir adultéré » avec la femme de Henri Estienne.

Les prostituées, pourchassées jusque dans leurs repaires, étaient fustigées sans merci sous le règne de Charlemagne. Les marchés se tenaient alors sur une place spacieuse, près de laquelle étaient, dans les chefs-lieux, le gibet et la prison du comté : au milieu de cette place, on lisait au peuple les édits royaux, on y faisait les exécutions, on y flagellait les femmes de mauvaise vie, avant de les chasser des villes où elles affluaient déjà.

L'Empereur « à la barbe fleurie » avait enjoint aux officiers de son palais de les rechercher partout, chez les négociants, dans les gynécées, dans les habitations des employés du fisc impérial. Ceux chez lesquels on découvrait « des courtisanes et des filles sans aveu », étaient tenus de les porter sur leur dos jusqu'au marché, où elles étaient fouettées. S'ils s'y refusaient, ils partageaient leur châtiment (1).

A Abbeville, deux filles furent fouettées « à la cloque », au son de la cloche, « pour houleries et ribaudies » ; en cas de récidive, on leur coupait à chacune un membre. Cela se passait au treizième siècle (2).

(1) Baluze, cité par La Bédollière, *Mœurs et vie privée des Français*, t. II, 183-4.

(2) *Etude sur les lois et les mœurs à Abbeville*, par E. Prarond, 26.

Au siècle suivant, en Lorraine, sous Charles V, un règlement porte que « la femme qui quittera son mari sera réputée *pute*, et le mari autorisé à se porter contre elle et la dot à lui échue en lui donnant le vivre. » Au seizième siècle, la peine contre la femme qui trahissait le devoir conjugal était le fouet reçu publiquement.

Le chanoine Guillaume Pépin, qui ne s'embarrasse pas d'une malencontreuse pudeur, nous fait connaître comment étaient traitées, à son époque, celles qui faisaient métier de leur corps. On croirait lire, rédaction à part, un écho de quotidien du vingtième siècle.

> ... Une dame Largère, la veuve du beau Jacques, une nommée La Chatte, ont été fouettées et mises au pilori, et la Buppère, la vinaigresse, dont les jeunes filles ont eu le fouet en prison (1).

La peine du fouet, avons-nous dit, s'infligeait de deux manières, ou *sous la custode*, c'est-à-dire dans l'intérieur des prisons ; ou en public, dans les carrefours, en présence du peuple assemblé. On attachait ordinairement, derrière une charrette, ceux qui étaient condamnés à subir la fustigation : ils étaient nus jusqu'à la ceinture ; arrivés à une place, le cortège s'arrêtait, et l'exécuteur appliquait un certain

(1) MUTEAU, *Les Ecoles et Collèges en province depuis les temps les plus reculés jusqu'en 1789.*

nombre de coups de verges sur les épaules des condamnés. C'est ainsi qu'on procédait pour les proxénètes (1), mâles ou femelles, qui favorisaient les mauvaises mœurs.

LE CHATIMENT DES PROXÉNÈTES.
(D'après une estampe du *Musée Carnavalet.*)

(1). Le 8 août 1477, le Parlement de Toulouse condamna un baigneur et étuviste, nommé Jacques Roy, « à être fustigé tout nu, en faisant le cours accoutumé par les rues de Toulouse et banni, pendant une année, de ladite ville et de la viguerie, pour fait de *rufianage*. Les capitouls étaient invités à veiller désormais à ce qu'aux bains, étuves, ou ailleurs, on « n'use de rufianage ni de vie dissolue », et ils devaient faire le procès aux coupables. (Cf. *Archives historiques*, etc., 1889-90, 449).

Les patientes étaient coiffées d'un chapeau de paille grossière ; sur leur dos, se lisait l'inscription qui rappelait leur délit. Parfois, on les plaçait sous une espèce de dais et à califourchon sur un âne, mais à l'envers, du côté de la queue, que le délinquant ou la délinquante tenait entre les mains, pendant toute la durée du supplice. Dans les cas les plus graves, on leur attachait une corde au cou, on les marquait sur l'épaule d'une fleur de lis, puis on les bannissait.

Le 22 décembre 1713, une femme DONNAL, de Brest, était condamnée à la fustigation, à la marque et au bannissement. Le 10 février 1714, l'arrêt recevait un commencement d'exécution. L'exécuteur criminel avait pris ladite Donnal, « luy avait découvert les épaules, attaché un écriteau... et l'avait conduite par tous les endroits et carrefours de cette ville (Brest) à la manière accoustumée et fouettée en chacun d'iceux...

La condamnée fut ensuite ramenée en prison et quelques jours après seulement (la condamnée ayant dû garder le lit, à cause d'une enflure de la jambe), la Donnal fut repromenée, refouettée par les carrefours et les rues, « en suitte de quoy (l'exécuteur) l'a amenée au pied de la potence et l'a marquée sur l'espaule dextre d'un fer chaud coupé et taillé en façon de fleur de lis ou ermine... », puis conduite hors de la ville avec défense d'y rentrer. On n'aura pas de peine à croire que, loin de faire disparaître le mal, de semblables mesures ne faisaient qu'aggraver le scandale et l'immoralité. La prostitution et le proxénétisme devaient résister à d'autres édits et règlements, et c'est un argument que ne manquent jamais de faire valoir les libertaires à outrance, qui réclament le droit pour les filles de nous avarier à merci.

La fustigation publique (1), appliquée par le bourreau, était plus infamante (2) que lorsqu'elle était reçue, des mains du geôlier ou du questionnaire, dans la geôle ou dans la chambre de la question.

(1) Cette fustigation publique avait encore lieu sous Henri IV (Cf. *Un voyageur anglais à Lyon sous Henri IV* (1608), par AN. DE MONTAIGLON, 21).

(2) Nos aïeux considéraient la fustigation comme un des châtiments les plus graves dont ils disposassent, témoin le fait suivant, qui atteste pour le moins leur simplicité : en Quercy, lorsque la récolte était mauvaise, les gens de la campagne couraient aux églises, en arrachaient les saints, les traînaient et les fustigeaient, pour les punir d'avoir laissé grêler leurs champs et gelé leurs vignes (Al. MONTEIL, *Histoire des Français des divers Etats*, t. Ier, XIVe siècle). Au commencement du XVIIe siècle, des paysans de la Cornouaille menaçaient les saints de la chapelle la plus proche de leur village de toute sorte de mauvais traitements, s'ils ne leur assuraient le retour des personnes qui leur étaient chères ; elles exécutaient ces menaces, en fouettant ces saintes images, ou en les mettant dans l'eau, quand elles n'en n'obtenaient pas tout ce qu'elles en attendaient. Dans d'autres endroits, on fouettait les autels, comme si la divinité pouvait être sensible aux coups et aux injures (SÉBILLOT, *Folk-lore de France*, IV, 167; Alex. du MÈGE, *Statistique générale des départements pyrénéens*, t. II, 373-4; Paris, 1828-1829). C'est à une idée de ce genre que paraît se rapporter une autre superstition, pratiquée, au XVIe siècle, dans toute la Gascogne, et notamment à Toulouse, où Bodin en fut témoin, laquelle consistait à traîner « les crucifix et images en la rivière pour avoir la pluye », usage conservé de nos jours

Le fouet administré *coram populo* était généralement réservé aux personnes de condition servile. Il arrivait même que le véritable coupable, s'il était gentilhomme, échappait à la répression, alors que sa complice subissait le châtiment dégradant des verges,

Le sire de Gouberville, dont le journal est un aperçu fidèle de la vie du gentilhomme campagnard au seizième siècle, parle d'un sieur de Picauville, qui avait tué l'enfant qu'il avait eu de sa chambrière. Le procès fut jugé à Valognes, le 27 juillet 1554, et la

dans une commune des environs de Saint-Palais. A Lumbier, petite ville de la Navarre espagnole, c'est à l'apôtre saint Pierre que l'on demandait la pluie, et s'il n'obtempérait pas à la demande, on menaçait le saint de plonger sa statue dans l'eau, à moins qu'il ne trouvât des cautions qu'il ferait son miracle : il en trouvait toujours ; mais à Perpignan, dans les mêmes circonstances, saint Agricole n'en trouva point : en l'année 1818, sa belle image en bois doré fut jetée dans le Tet, au milieu des cris des pénitents et du peuple ; ajoutons qu'elle fut repêchée un peu plus loin et put être utilisée encore. Les Musulmans de la côte d'Afrique plongent de même leurs marabouts, des saints vivants, dans la mer ou dans les rivières, quand la sécheresse se prolonge, sans qu'on puisse découvrir le motif de cette coutume. La pensée d'opposer les choses saintes comme une digue à des eaux débordées offre une teinte plus chrétienne. L'efficacité du moyen est constatée dans les archives de Luz où, en 1678, la rivière de « Lyse » menaçant d'engloutir toute la contrée, on fit sortir la procession : à la vue du saint Sacrement, le torrent recula et rentra dans son lit. (*Superstitions et Légendes des Pyrénées*).

fille-mère (1) condamnée à être fustigée ; quant à son maître, qui avait commis le crime, il n'y est même pas fait allusion ; sans doute, sa qualité le mit-il à l'abri des poursuites.

Est-on curieux d'apprendre à combien s'élevaient les frais d'exécution d'une sentence de condamnation au supplice de la fustigation ? Nous avons, à cet égard, une information des plus sûres (2).

Mariette Matorel entretenait des relations criminelles avec Jean Véron, qui avait épousé sa cousine germaine. Elle avait été avertie que, si elle persévérait dans cette voie, elle serait battue de verges par tous les carrefours de rues et fouettée en place publique ; elle n'en avait pas moins continué son commerce illicite. Voici quelles furent les dépenses occasionnées par l'exécution de l'arrêt de condamnation : aux trois sergents qui avaient arrêté Mariette Matorel, il fut alloué 9 sols ; au geôlier qui l'eut, pendant onze jours, sous sa garde, 13 sols 9 deniers ; au même, qui alla chercher à Abbeville l'exécuteur, 8 sols ; au bourreau, pour son

(1) A la session trimestrielle du comté de Devon, tenue à Pâques, en 1598, il fut décrété que toute mère d'un enfant illégitime serait fouettée, « *ainsi que le père supposé.* » *Les Châtiments de jadis*, histoire de la torture et des punitions corporelles en Angleterre. Paris, Ch. Carrington, 1902.

(2) Nous l'empruntons à René de BELLEVAL, *Lettres sur le Ponthieu.*

déplacement et ses honoraires, 29 sols ; au charretier, qui la promena dans la ville, 5 sols.

Le bourreau faisait payer à part chacun des détails de l'exécution : avait-il à fouetter un voleur (1), il réclamait d'abord 18 deniers pour ses verges et pour ses gants, puis 20 sols pour s'en servir.

Les comptes des marguilliers de Barnsley nous renseignement sur ce que coûtait une fustigation en Angleterre : il s'agit de vagabonds.

Williams Roggers est allé à Ardsley, avec six vagabonds, et pour ce, il lui est compté deux pence ; à M. Garnett, qui leur a fabriqué un laissez-passer, il sera remis trois pence ; au bourreau, « pour les avoir fouettés, ainsi que le veut la loi », deux pence. Dix ans plus tard, un autre exécuteur, pour avoir fouetté trois vagabonds seulement, touchera une prime double.

En Angleterre, comme chez nous, on attachait les condamnés à la charrette, ainsi qu'en témoigne le compte d'une municipalité du comté de Chester :

1637. — *Payé par le garçon pour avoir fouetté John Foxe* .... 2 shillings.

Payé un chariot pour attacher ledit Foxe jusqu'au moment de la fustigation........ 2 shillings.

(1) Au quinzième siècle (1421), peut-être ne pend-on pas autant pour vol, mais on fouette : à Abbeville, des coupeurs de bourse sont promenés par les rues, et fouettés aux carrefours ; ce sont les « sergents de la vingtaine » qui les promènent et les fouettent (*Les lois et les mœurs à Abbeville*, par E. Prarond, 219).

Nos voisins ne se montraient pas d'une tendresse excessive pour la plus belle moitié du genre humain : à Durham, en 1690, une femme mariée est fouettée publiquement, sur la place du Marché, entre 11 heures et midi, pour s'être grisée un dimanche ; une autre, coupable d'avoir volé un mouchoir à la boutique d'un drapier, subit la même peine.

Toute une famille de vagabonds, l'homme, la femme et les trois enfants, furent fouettés publiquement le 28 septembre 1699, pêle-mêle, et sans plus de ménagements pour les uns que pour les autres.

L'âge n'était pas une circonstance atténuante : en 1769, à Nottingham, une jeune fille de 18 ans, qui avait faussement déposé en justice sous la foi du serment, était, par ordre de la Cour, condamnée à être fouettée publiquement, nue jusqu'à la ceinture ; cinq ans auparavant, une pauvre vieille, surprise à voler du bois, avait été attachée à une charrette par l'exécuteur, et fustigée jusqu'à trois fois devant le peuple assemblé.

On connaît les propos cruels attribués au juge Jeffreys : « Bourreau, je vous charge de faire particulièrement attention à cette dame. Fouettez-la sévèrement. Fouettez jusqu'à ce que le sang coule. C'est Noël, le temps est bien froid pour que Madame se déshabille ; aussi veillez bien à lui réchauffer fortement les épaules. » Le « bon juge » avait l'ironie cinglante.

Les voleurs échappaient rarement au châtiment du fouet et cette jurisprudence était aussi bien appliquée en Angleterre qu'en France. Le poète Cooper a raconté avec beaucoup d'humour l'exécution d'une sentence de ce genre.

En 1783, un incendie avait éclaté à Olney ; profitant du désordre occasionné par le fléau, un individu avait dérobé quelques ferrures. Le vol ayant été découvert, le coupable fut condamné à être fouetté derrière une charrette. Le pauvre diable, écrit Cooper, a paru montrer une grande force d'âme, mais il n'y avait là qu'une simple supercherie. Le bedeau qui le fouettait, en effet, avait la main remplie de couleur rouge, dans laquelle, après chaque coup, il trempait la lanière du fouet, de façon à laisser sur la peau la trace d'une blessure grave, alors qu'en réalité le patient ne souffrait aucun mal. Le constable, qui surveillait le bedeau, pour s'assurer qu'il accomplissait consciencieusement son devoir, s'aperçut de cette tromperie et, sans aucun avertissement, il appliqua sa canne sur les épaules du bedeau.

C'est à partir de ce moment que la scène devint intéressante et amusante. Le bedeau, ne voulant pas se résoudre à frapper trop durement le voleur, le constable redoubla de sévérité. Cette flagellation en partie double continua ainsi quelque temps ; mais une jeune fille, prenant en pitié le bedeau pitoyable, se joignit à la procession et, se plaçant immédiatement derrière le constable, elle le saisit par les cheveux et le renversa à terre. Elle commença alors à lui donner des soufflets avec toute la furie d'une Amazone. Et le poète termine sa lettre par cette réflexion divertissante : « Cette avalanche d'événements a pris sur le papier plus de place que je ne voulais, mais je ne pouvais me résoudre à ne pas vous dire comment le bedeau traita le voleur, le constable le bedeau, et la jeune fille le constable, le voleur étant, en somme, le seul qui sortit indemne de cette échauffourée ».

Si nous revenons en France, moins de dix ans avant la Révolution, nous verrons la peine du fouet à peu près seule appliquée en cas de vol. Une femme d'un village du Finistère, accusée et convaincue d'avoir pris de la paille, du foin, une ruche à miel, etc., est condamnée à être fustigée à trois marchés consécutifs et, au dernier, à être marquée de la lettre V, à payer trois livres d'amende envers le roi, et les dépens liquidés à 299 livres.

Un couvreur d'ardoises du même pays, qui a volé, sur la table d'une maison, trente ou quarante sous de monnaie, et qui, plus tard, est surpris dans un champ, au moment où il enlève des hardes qu'on y avait mises à sécher, est condamné à être marqué des lettres G. A. L. et envoyé aux galères pour dix ans. En 1783, à Lamballe, pour avoir, la nuit, « forcé une étable à volailles et y avoir volé une oie et *peut-être* six volailles », un nommé François Landier est condamné « à servir pendant trois ans, en qualité de forçat, sur les galères du roi, après avoir été flétri des trois lettres G. A. L. par l'exécuteur de haute justice ». D'autres voleurs sont condamnés, par contumace, à être pendus ; mais le plus souvent, ils sont battus de verges dans [illegible] carrefours accoutumés, et flétris de la lettre V (1).

Les voleurs de chevaux ou d'animaux de labour sont plus sévèrement châtiés : la mort seule peut expier un pareil forfait. Etait également condamné à la peine capitale le voleur banni, qui rentrait dans la région d'où il avait été expulsé : cela se passait de la sorte en Lorraine, en 1571 (2) ; trois siècles plus tard, le même délit ne sera passible que de la fustigation. Ce n'est qu'exceptionnellement que le coupable était pendu haut et court ; on se contentait, le plus généralement, de le condamner au fouet et à la marque.

On sait que pendant longtemps, seuls, les rois et

(1) On trouvera nombre de cas de ce genre dans les *Documents de criminologie rétrospective*, d'AUBRY et CORRE. Il nous paraît oiseux de les multiplier.

(2) R. DES GODINS DE SOUHESMES, *Etude de la criminalité en Lorraine*.

les nobles avaient le droit de chasser et ils se montraient particulièrement jaloux de cette prérogative (1). Des lois draconiennes furent édictées contre les vilains qui avaient l'audace d'empiéter sur leur privilège et leur plaisir. Guillaume le Conquérant faisait crever les yeux à ceux de ses sujets qui tuaient un sanglier ou un cerf. Enguerrand de Coucy, qui vivait du temps de saint Louis, fit pendre deux gentilshommes, pour avoir poursuivi un lièvre dans sa forêt. Louis XI avait mis tout le monde d'accord, en interdisant la chasse aux seigneurs comme aux roturiers ; il s'en réservait le monopole pour lui tout seul.

L'exercice de la chasse avait été réglé par de nombreuses ordonnances. Une des premières, en date de 1318, punissait les délits de chasse de la prison ; celle de 1396 prononce seulement la confiscation des engins. Avec la civilisation, la sévérité se développa.

Une ordonnance de 1528 (7 juin) punissait le braconnier d'une amende de deux cents francs, environ sept cents de notre monnaie. Si le condamné n'avait pas les moyens de s'acquitter, il était emprisonné et fouetté sous la custode. Une première récidive faisait encourir quatre cents francs d'amende ; en cas d'insolvabilité, le délinquant était fouetté publiquement et banni, sous peine de la hart ; c'est le châtiment qui fut appliqué à un certain Compère,

(1) De Belleval, *Nos pères*, 386.

demeurant à Gondrecourt, dans l'arrondissement de Commercy, lequel avait été poursuivi pour des méfaits aussi nombreux que variés : on l'accusait non seulement d'avoir tendu des « paneaux et fillets à prendre liepvres » sur les terres du seigneur, mais encore d'avoir, « par plusieurs et diverses fois, paillardé et adultéré avec Jehannon, sa commère » ; d'avoir mangé de la viande en temps prohibé ; d'avoir coupé des chênes dans les bois de Gondrecourt. Le duc de Lorraine, Charles III, lui accorda néanmoins sa grâce, malgré une culpabilité des mieux établies.

Sous François Ier, on mettait les chasseurs au carcan, et on leur faisait faire amende honorable, les épaules revêtues de peaux de *connins* (lapins). Une ordonnance du 27 novembre 1540 interdit aux prélats, gens d'église et gentilshommes de chasser hors de leurs terres, sous peine de confiscation de leur monture et de leur arquebuse, ou douze francs d'amende ; la chasse continuait, cependant, à être permise aux privilégiés (1).

En 1581, Henri III menace de la corde tout braconnier ou détenteur d'armes et d'engins pouvant servir à la chasse.

Ce qui étonne et afflige en même temps, c'est de

(1) R. des Godins de Souhesmes, *Etude sur la criminalité en Lorraine d'après les lettres de rémission* (1473-1737). Paris et Nancy, 1903.

voir Henri IV se montrer plus sévère que ses prédécesseurs dans son code de la chasse, dont suit un extrait :

Seront punis ceux qui auront chassé aux cerfs, biches et faons en 83 écus un tiers ; aux sangliers et aux chevaux, 41 écus deux tiers, s'ils ont de quoi, sinon seront battus de verges sous la custode jusqu'à effusion du sang.

Pour la deuxième fois seront battus de verges autour des forêts et lieux où ils auront chassé et bannis de quinze lieues.

Pour la troisième seront envoyés aux galères ou battus de verges et bannis perpétuellement du royaume et leurs biens confisqués, et s'ils enfreignaient leur ban, punis du dernier supplice.

Ceux qui auront chassé aux menues bêtes seront condamnés pour la première fois en 6 écus deux tiers, s'ils ont de quoi payer, sinon demeureront un mois en prison au pain et à l'eau.

La seconde au double de ladite amende, et à défaut de payer, seront battus de verges et mis au carcan trois heures à jour et heure du marché.

La troisième, outre lesdites amendes, battus de verges autour des garennes, bois, buissons et autres lieux où ils auront délinqué et bannis à quinze lieues à l'entour.

N'entendons toutefois que les peines inflictives au corps soient exécutées sinon sur les personnes viles et abjectes, c'est-à-dire pas nobles.

Ne terminons pas le chapitre de la chasse sans rappeler une curieuse coutume, pratiquée à la cour de Danemark, au temps jadis : il était d'usage, dans ce pays, que, chaque fois qu'une chasse royale avait pris fin, dans le but de terminer la fête le plus agréablement possible et aussi joyeusement qu'elle avait débuté, le grand veneur accusât l'un des gentilshommes présents d'avoir enfreint l'un ou l'autre des règlements de vénerie. Aussitôt l'infraction constatée, on faisait agenouiller le gentilhomme par terre, entre les cornes du cerf qui avait été abattu. Deux laquais écartaient les pans de son habit, tandis que le roi, saisissant une petite badine, lui appliquait sur les culottes un nombre de coups bien sentis et proportionnés à la gravité de l'infraction commise. Pendant ce temps, les chasseurs, avec leurs cors de cuivre, et les chiens par leurs bruyants aboiements, proclamaient la justice du roi et le châtiment du coupable, au grand gaudissement de la reine, des dames et des personnages de la cour qui étaient présents (1).

Au commencement du dix-huitième siècle, la consommation du tabac devint telle, que le domaine le mit en ferme. Un édit, du 7 décembre 1703, en réglementa la culture et la vente, prononçant des pénalités contre les contrevenants : les vagabonds

(1) *Etudes sur la Flagellation.* Ch. Carrington, éditeur.

porteurs de tabac furent passibles du carcan (1) ; puis, en cas de récidive, du fouet et du bannissement ; bien mieux, dans certains pays, on infligea le même châtiment à ceux qui étaient pris fumant dans la rue : cette jurisprudence était, paraît-il, en

LA MISE AUX *blocs* DES VAGABONDS, AU XVIIIe SIÈCLE.
Extrait de *la Flagellation à travers le monde* ; Carrington, éditeur, Paris

vigueur au Cap de Bonne-Espérance, quand celui-ci était encore colonie hollandaise.

Les colporteurs écossais qui s'aventuraient à exercer leur commerce jusque dans l'ouest de l'Angleterre, couraient le risque d'être fouettés. Afin de protéger les affaires locales, la Cour ordonna de saisir les marchands étrangers, de les dépouiller de leurs vêtements jusqu'à la ceinture, de les fustiger et de les expulser ensuite hors du territoire. Les vagabonds étaient traités de même ; pour les empêcher de fuir, on les mettait... aux blocs.

Nous reproduisons ici, grâce à M. Carrington, une

(1) Un arrêt de la Chambre des Comptes, du 1er février 1710, punit du carcan les « fabricateurs de faux-tabacs » ;

singulière et originale gravure, qui donnera une idée du châtiment des blocs. L'un des deux coupables est pris par une jambe seulement, l'autre par les deux à la fois ; tandis qu'un couple de railleurs les regarde narquoisement.

Ce n'est qu'en 1791 qu'un règlement interdit, en Angleterre, la peine du fouet pour les femmes vagabondes. Chez nous, on pourrait dire que, presque en tout temps, les mendiants furent traqués avec la dernière rigueur : lors d'une épidémie, on les assimilait à des vagabonds et on les chassait sans pitié.

On sait combien la peste fit de fréquentes apparitions ; en Bourgogne, comme en beaucoup d'autres provinces de France, elle sévit avec une particulière intensité. Au moment d'une de ces épidémies, la municipalité de Dijon crut devoir prendre les mesures sanitaires les plus rigoureuses : les pauvres, atteints du fléau, et qui étaient étrangers à la ville, durent la quitter dans les vingt-quatre heures, sous

un autre, du 31 août 1713, renouvela la défense de donner asile aux contrebandiers et d'insulter les commis... « certains d'entre eux s'amusaient à jeter du tabac dans les maisons, pour venir ensuite y perquisitionner... l'ordonnance du 14 juillet 1720 les corrigea de cette habitude en les menaçant de la peine de mort. » A l'instigation de l'intendant de Lorraine, M. de la Galaisière, Stanislas *le Bienfaisant* envoya aux galères les contrebandiers, jusqu'alors punis du fouet et du bannissement : ce fut son don de joyeux avènement.

peine du fouet. Même châtiment était appliqué aux mendiants. Un sergent s'étant aventuré à sortir de sa maison, il fut délibéré qu'il serait « fustigé à nud... à dix heures du matin, par les *corbeaux* (ou *croque-morts*), pour servir d'exemple et chassé de la ville (1). »

Sous peine du fouet et des galères, les cabaretiers devaient révéler aux intendants les vagabonds, les gueux et gens sans aveu qu'ils hébergeaient, et déclarer tous les jours les personnes étrangères qu'ils avaient logées.

En temps d'épidémie, l'entrée des villes leur était interdite ; les gardes devaient leur « donner la passade avec bulletin de refus », à peine du fouet pour les gueux, de cinquante livres d'amende pour les gardes.

On veillait soigneusement, quand il y avait la peste dans une région, à ce qu'il ne fût pas introduit dans les villes des hardes ou du vieux linge provenant d'endroits contaminés.

La peste sévissait dans un village des environs de Troyes ; un homme et trois femmes, arrivant de ce village, avaient essayé de vendre à vil prix les marchandises qu'ils apportaient ; quand on en sut la provenance, on les arrêta et on les livra au prévôt.

Incarcéré, l'homme parvint à s'évader; les femmes furent condamnées à être attachées à une charrette,

(1) Gomot, *La Peste noire* (1631), 99, note IX.

conduites dans les rues et carrefours, pour y être fouettées publiquement, par le fermier des menues amendes et par l'exécuteur des hautes œuvres. La sentence fut rigoureusement exécutée.

Une somme de dix sous fut allouée à ceux qui appliquèrent ladite sentence, « pour aller boire » avant de fustiger les patientes ; et « l'exécuteur des hautes œuvres et haut encordeur » reçut quarante sous, « pour les avoir bien fouettées (1). »

Dans la ville de Dijon, dont l'administration avait su formuler d'heureuses prescriptions d'hygiène publique, interdiction avait été faite aux joueurs d'instruments de jouer de nuit par la ville en compagnie de gens masqués, à peine du fouet et de cinquante livres d'amende. Nos aïeux n'aimaient pas avoir leur sommeil troublé.

Pas plus que nous, ils ne portaient dans leur cœur ceux à qui est resté le nom de « gabelou ». Leurs procédés furent toujours si vexatoires, que tout le monde se liguait contre eux. Les paysans se montraient parmi les plus empressés à favoriser la fraude, même quand ils ne devaient pas en tirer profit. Les fraudeurs étaient cependant passibles non seulement de fortes amendes, mais du fouet et du bannissement en cas de récidive ; les faux sauniers,

(1) *Recherches sur les anciennes pestes de Troyes*, par M. T. Boutiot (Troyes, 1857).

attroupés et armés, pouvaient même être condamnés à la peine de mort (1).

Le faux-monnayeur était passible du fouet, de la mort ou même du bûcher (2). Il n'y a guère plus de deux cents ans qu'on pendait ceux qui fabriquaient de la fausse monnaie (3).

Etaient condamnés au fouet et au bannissement perpétuel, avec confiscation, « après avoir eu le poing droit coupé », les officiers publics, greffiers, clercs-jurés, tabellions, notaires, etc., qui falsifiaient les sentences, contrats ou autres actes de leur ministère.

La malversation entraînait la fustigation, quand un fonctionnaire s'en était rendu coupable, ce fonctionnaire fût-il le plus décrié, sinon le moins utile de tous, fût-il le bourreau en personne.

Un exécuteur des hautes œuvres, nommé Poirson Voirin, avait vendu le corps des pendus, pour faire des sortilèges. Avait-il simplement retourné les poches de ses clients, toujours est-il qu'il fut convaincu de malversation dans l'exercice de sa charge et condamné, par le tribunal des Echevins de Nancy, le 22 novembre 1614, à être fustigé et banni. La pre-

(1) Des Godins de Souhesmes, *op. cit.*, 28-30.

(2) *Id.*, *ibid.*, 36 et s.

(3) En 1310, une femme est bannie et fouettée, sur l'accusation gratuite d'avoir acheté et passé de la fausse monnaie (E. Prarond, *op. cit.*, 52).

mière partie de la sentence fut exécutée le jour même ; mais, comme l'emploi de bourreau était peu recherché, on remit au condamné la peine du bannissement, afin qu'il pût continuer à remplir ses fonctions ; on le prévint seulement qu'il serait pendu, s'il récidivait (1). Il se le tint pour dit. Dans le même temps (2), le Parlement de Bourgogne faisait « inhibition et défense » à tous hôteliers, cabaretiers et pâtissiers « de recevoir en leurs maisons et donner à boire... aux enfans de famille, serviteurs et escoliers, sous les peines portées par les édits ou arrêts, *et du fouet* (3) ».

Jadis, l'inceste était rare dans les classes aisées, mais relativement fréquent dans le peuple ; on trouve néanmoins nombre de gentilshommes et de bourgeois, pour qui les liens du sang ne sont pas un empêchement à l'acte charnel. Aux seizième et dix-septième siècles, les coupables d'inceste encouraient le dernier supplice ; il en fut qui montèrent sur le bûcher, pour avoir « abusé par belles paroles et promesses de mariage » la sœur de leur femme, par exemple. Un beau-père qui séduisait sa belle-fille ne risquait rien moins que d'être pendu ; quant à sa complice, elle était fouettée et bannie. Les plus

(1) DES GODINS DE SOUHESMES, 48.
(2) 2 août 1590.
(3) MUTEAU, *loc. cit.*

malins partaient pour Rome, et, moyennant une aumône, versée à un ordre religieux, ils recevaient une absolution en bonne et due forme.

Avec les idées de tolérance, les peines s'adoucirent : au dix-huitième siècle, le coupable d'inceste était puni seulement du fouet et de la marque, et souvent la peine était commuée en quelques mois d'emprisonnement.

On fait parfois grief à nos juges de se montrer sensibles à un beau minois, pour lequel ils sont toujours disposés à l'indulgence ; ce qu'on nous rapporte (1) d'une courtisane romaine, atteste, chez les magistrats d'antan, un plus grand souci du sé rieux de leur charge.

Le fournisseur d'une marchande d'amour, las d'attendre le paiement de sa créance, l'avait assignée devant le tribunal : elle répondit, au magistrat qui l'interrogeait, avec une telle impertinence, que celui-ci crut devoir en référer à son chef hiérarchique. L'affaire alla jusqu'au lieutenant du gouverneur. « Bien que la délinquante fût une courtisane », celui-ci ordonna qu'on lui administrât le fouet sur une des places de la ville, mais avec ménagement. Elle ne fut donc condamnée à recevoir que cinquante coups.

A l'annonce de la nouvelle, tout Rome accourut. Un des soldats chargés de l'exécution prit Isabella

(1) *Courtisanes et Bouffons*, par E. RODOCANACHI.

di Luna sur ses épaules ; l'autre appliqua le châtiment non sans vigueur ; l'opération terminée, la patiente rétablit le désordre de sa toilette et s'en revint à pied chez elle, comme si de rien n'était.

Qu'on ait fouetté les filles, voire les épouses infidèles (1), faisant don ou commerce de leurs charmes, il n'y a rien là qui nous puisse surprendre ; mais qu'on ait passé par les verges des malades, des malchanceuses au jeu de l'amour et du hasard, voilà qui ne cadre plus avec nos idées actuelles, bien que ces maladies soient encore de nos jours présumées d'origine honteuse (2).

Il fut un temps où l'on donnait aux vénériens le fouet, comme aux galériens. Ils ne pouvaient être admis dans les *loges*, sans une correction préalable, et on les fustigeait de nouveau à la fin du traitement, avant de les rejeter dans la rue. Ambroise Paré, té-

(1) Et nous pouvons ajouter les sages-femmes convaincues d'exposition d'enfant, ou une fille surprise exposant, de nuit, son enfant sur la porte d'une maison, et qui fut condamnée à « être fouettée devant la maison des Recommandaresses. » *Traité de la Séduction considérée dans l'ordre judiciaire*, par M. FOURNEL, Avocat du Parlement (Paris, 1781), 398-9.

(2) En 1705, une femme libertine fut condamnée par la Cour à la réprimande et à être enfermée pendant un an dans la maison de Notre-Dame-du-Refuge ; il fut dit que dans le cas où, à cette époque, son mari refuserait de la recevoir, elle y resterait toute sa vie en habit de pénitente. En 1727, une autre fut condamnée à demeurer à perpétuité dans un couvent. (DUMONT, *La justice criminelle dans les duchés de Lorraine et de Bar*, t. II, 157-158).

LA FLAGELLATION DANS UN HOPITAL DE FILLES.
(Dessin à la plume, rehaussé d'aquarelle, 1784
d'après J. GRAND-CARTERET et G. BRESSOL, *La flagellation historique*.)

moin de ces scènes cruelles, en parle sans amertume, comme d'une chose admise par les mœurs de l'époque et qui ne scandalisait personne.

C'était, aux yeux de la foule, un châtiment religieux, nécessaire au même titre que les carêmes d'expiation, pour apaiser l'ire divine. Les administrateurs de l'hôpital poursuivaient un autre dessein : ils espéraient que la plupart des malades, plutôt que de subir la peine infamante de la flagellation, préféreraient se soigner en secret et n'encombreraient pas les salles : ce calcul fut souvent déjoué.

Peu importait la contagion, il s'agissait, avant tout, d'éviter l'encombrement. Voilà où en était l'hygiène publique dans le Paris des Valois !

Lorsque fut créé, en 1656, par un édit de Louis XIV, l'Hôpital Général, « pour le renfermement des pauvres », un des articles de l'édit de fondation excluait tous les mendiants atteints d'affections vénériennes ; mais quelques mois ne s'étaient pas écoulés, que la Pitié, Bicêtre et la Salpêtrière regorgeaient de syphilitiques. On appliqua les anciens règlements : hommes et femmes furent fustigés. L'éventualité de la fustigation n'empêcha pas l'envahissement des hôpitaux et, à la Salpêtrière notamment (1), où des salles avaient été réservées au traitement des prostituées, celles-ci affluèrent, venant

(1) Pour le fouet à la Salpêtrière, cf. l'*Intermédiaire*, juillet 1896, col. 22-23.

y chercher un soulagement à leurs maux ; « elles se faisaient arrêter comme mendiantes, bien que la mendicité ne fût pas leur ressource habituelle (1) ».

Il en fut de même à Bicêtre (2) : il n'y avait pas un an que l'hôpital était ouvert, qu'il s'y était déjà présenté plusieurs filles ou hommes « gâtés, atteints de ce mal que produit la débauche des femmes », ainsi qu'il est consigné dans les registres hospitaliers. Ces malades d'une espèce particulière, ces *spécifiques,* comme on les a désignés depuis, n'étaient reçus « qu'à la charge d'être sujets à la correction avant toutes choses et *fouettez* », ce que leur billet d'envoi devait attester. Exception n'était faite, et ceci mérite d'être remarqué, qu'en faveur de « ceux qui l'auront contracté dans le mariage ou autrement, comme une femme pour le mari, une nourrice par l'enfant (3).

La tourmente révolutionnaire ne fit pas complète-

(1) *L'Hôpital du Midi et ses origines : recherches sur l'histoire médicale et sociale de la syphilis à Paris*, par le Dr A. PIGNOT (Paris, 1885), 49-51, 71, 78 et *passim*.

(2) A Bicêtre, on n'admettait pas que les vénériens. En 1723, un apprenti cordonnier âgé de 19 ans, fut envoyé en correction à Bicêtre, et condamné à être fouetté deux fois par jour jusqu'à nouvel ordre, « pour avoir volé du cuivre. » Le fait a été relevé, par Paul BRU, sur les registres d'entrée de l'hôpital (Cf. *Intermédiaire*, 10 juin 1896, col. 650).

(3) Registre des délibérations du bureau de l'Hôpital général, année 1679 (Archives de l'Assistance publique), rapporté par Paul BRU, *Histoire de Bicêtre* (Paris, 1890), chap. IV ; cf. Ch. DESMAZES, *Pénalités anciennes*, 67.

ment disparaître cet usage d'un châtiment infligé aux avariés. Michelet rapporte, dans son *Histoire de la Révolution*, que le docteur Cullerier, médecin à Bicêtre, avait certifié à un de ses amis que cette coutume n'était pas encore abolie en 1792.

Pour mesurer le chemin parcouru par l'opinion médicale, sinon par l'opinion publique, toujours retardataire, depuis l'époque qui vient d'être rappelée, et même depuis un temps plus rapproché du nôtre, nous nous contenterons de relever, dans une Encyclopédie qui eut son heure de vogue, ce passage... effarant :

> Sous Louis seizième, Bicêtre fut destiné à recevoir les hommes et les filles publiques atteintes du mal syphilitique. Avant de les panser dans les deux salles qui leur étaient spécialement consacrées, les chirurgiens les faisaient fustiger, coutume barbare, *quoique souvent assez juste envers plusieurs individus croupis dans les vices les plus honteux.*

Cette phrase, tombée de la plume d'un médecin de 1830, aurait été, sans nul doute, contresignée par Joseph Prudhomme en personne.

Si de pareilles mesures, prises contre des victimes de la maladie et du sort conjurés, nous surprennent et nous émeuvent, comment ne pas nous indigner de voir ce supplice infamant infligé à des hommes qui n'ont commis d'autre crime que de se révolter contre une discipline trop rigoureuse ?

Pour les soudards de la Renaissance, « gens de sac et de corde », la crainte du châtiment est le commencement de la sagesse : des potences élevées dans leurs camps et dans leurs quartiers sont là « pour les engager à se comporter gracieusement ». La peine de mort est, du reste, prononcée pour les délits les plus divers : tirer l'épée contre un officier, déserter devant l'ennemi, insulter une sentinelle, voler ou piller, tricher aux dés, autant de cas qui exposent à être pendu ou passé par les armes (1).

Mais la mort est peu de chose pour qui la brave tous les jours sur les champs de bataille. Certains châtiments sont pires que la mort : tels ceux qui humilient, qui dégradent l'être conscient et fort, comme le *chevalet* ou cheval de bois, sans tête ni queue ; les *ceps* et le *carcan ;* la *cage*, où l'on enfermait les blasphémateurs et les ivrognes et qui les exposaient aux railleries de la populace ; le *morion*, qui consistait en coups de crosse de mousquet ou de hampe de hallebarde, et qu'on donnait aux jeunes soldats sur les fesses, dans les corps de garde (2) ; le fer chaud sur la langue ; l'ablation du nez et des oreilles ; et l'un des plus terribles, l'estrapade, qui consistait à laisser tomber de très haut un soldat

(1) Albert Babeau, *La Vie militaire sous l'ancien régime : les soldats.*

(2) *Dictionnaire de Furetière.*

attaché à une corde, de manière à lui disloquer les membres.

Mais ce qui était le plus sensible aux militaires, c'était de passer, nus jusqu'à la ceinture, entre deux rangs de cinquante ou de cent de leurs cama-

Fac-simile d'une gravure de Guerard (dix-huitième siècle).

SOLDAT PASSÉ PAR LES BAGUETTES

rades, qui administraient, à tour de rôle, au condamné, un coup de gaule ou de lanière.

Sous Louis XIII, et même sous Louis XIV, on fouettait les soldats « comme on fouettait les enfants, les pages et les laquais ». Ce châtiment, réservé pour les fautes graves (1), pour la désertion, par

(1) A Nottingham, dans la première moitié du dix-huitième siècle, un soldat fut sévèrement châtié, « pour avoir bu à la santé du Prétendant ». Les détails de l'affaire ont été

exemple, était celui qu'on appliquait aux filles surprises dans les quartiers, qu'un officier philanthrope s'indignait de voir fouettées, « par les mains de gens à qui elles sont encore chères et qui rougissent du vil employ fait de leurs bras, naguère victorieux » (1).

Les courroies et les verges furent abandonnées en France, dès 1730, dans les régiments de cavalerie : six ans auparavant, une ordonnance avait déjà interdit aux officiers de maltraiter, à coups de canne et de bâton, les soldats des compagnies détachées de l'Hôtel des Invalides ; les cavaliers ne devaient être châtiés autrement qu'avec le sabre.

En Allemagne, les châtiments infligés aux militaires leur étaient appliqués avec une brutalité qui n'aurait pas été supportée par nos troupes. Un témoin conte avoir vu, en 1741, des soldats prussiens passés jusqu'à seize fois par les verges, pour avoir fait un faux mouvement dans une manœuvre; ils avaient été ensuite contraints, le dos ensanglanté, à continuer l'exercice.

publiés, par la *Revue hebdomadaire d'Adam*, du 20 au 27 juillet de l'année 1737 : « Vendredi dernier, un dragon du régiment de lord Cadogan, à Nottingham, a reçu 300 coups de fouet, et en recevra 300 autres à Derby, pour avoir bu à la santé du Prétendant. En outre, la corde au cou, il sera chassé du régiment. » (*Les châtiments de jadis* ; Paris, Carrington, 1902.)

(1) *Mémoire de* 1767, cité par Alb. Babeau, extrait des Archives de la guerre.

Chez nous, la répression n'avait pas ce caractère de cruauté froide et méthodique ; nos officiers se servaient, dans un mouvement de vivacité, toujours regrettable, plutôt de la canne que du bâton.

Quand le comte de Saint-Germain, alors ministre la guerre, voulut introduire dans l'armée la bastonnade, par coups de plat de sabre, il faillit provoquer un soulèvement. On cite, à ce propos, la réponse que fit un grenadier, à l'officier qui essayait de lui expliquer la supériorité de ce mode de punition :

— C'est avec un instrument militaire et honoré, disait l'officier au soldat, que l'on va vous frapper, et non avec un bâton ni avec des verges.

— Mon capitaine, répliqua le grenadier, dans mon sabre je ne connais de militaire que la pointe et le tranchant.

Pour subir son châtiment, le récipiendaire était couché sur une planche, de façon que les coups ne portaient jamais que sur les fesses ; on conçoit que, dans cette posture, il éprouvât une véritable humiliation, et que cette peine lui parût plus pénible que le coup de feu reçu en plein cœur.

Les admirateurs de la discipline prussienne citent à tout propos le grand Frédéric, qui était parvenu à imposer celle-ci à ses armées ; parfois, cependant, des voix s'élevaient contre le traitement inhumain qui leur était infligé. On ne parvenait à les mener qu' « à coups de bâton et à grand renfort de soufflets. »

A voir les précautions qu'on prenait pour les empêcher de déserter, on comprend que les soldats prussiens en soient venus à craindre leurs officiers, plus que l'ennemi. Veut-on avoir un aperçu du régime auquel ils étaient soumis, il n'est que de lire ce que relate un historiographe moderne (1), qui emprunte une bonne part de sa documentation aux Allemands eux-mêmes :

On avait soin, en les disposant dans les chambrées, de les faire surveiller les uns par les autres, en mêlant les bons et les mauvais. Aucun d'eux ne sortait de la ville sans une permission signée de son capitaine. Des sentinelles étaient postées à cinquante pas d'intervalle, doublées dans les endroits propices à l'évasion, et obligées la nuit, à tous les demi-quarts d'heure, de crier : *Qui vive?* Si l'une d'elles désertait, elles passaient toutes par les verges, le sergent qui commandait le poste était cassé, et l'officier enfermé pour six mois dans une forteresse. Dès qu'un homme manquait à l'appel, on tirait un coup de canon, et, à ce signal, un officier, désigné d'avance, enfourchait un cheval qu'il tenait sellé jour et nuit, les patrouilles se répandaient dans la campagne, les paysans se rendaient à des postes fixes, les chasseurs battaient le pays avec des chiens dressés à cette espèce de traque ; celui qui s'emparait du déserteur recevait 50 écus. Presque toujours on découvrait le fugitif (deux

(1) ARTHUR CHUQUET, *La première invasion prussienne*, 92 et s.

sur cent échappaient). S'il était cantoniste, on le condamnait à passer en trois jours trente-six fois au milieu de 200 de ses camarades, qui lui fouettaient les épaules. On le pendait à la seconde tentative d'évasion. S'il était étranger, il passait, à la première désertion, deux tours de verges ; à la deuxième, vingt-quatre ; à la troisième, trente-six. Aussi comptait-on beaucoup de suicides dans l'armée prussienne ; le soldat que le métier dégoûtait n'avait guère d'autre moyen de mettre fin à ses misères.

Le fouet n'a pas été qu'un instrument de correction dans l'armée, comme dans la vie civile ; il a également servi à des vengeances privées. A une époque où l'on passait aux actrices leurs moindres caprices, il en cuisait parfois de les tourner en ridicule.

Lorsque Favart fit représenter sa *Chercheuse d'esprit* au théâtre de la foire Saint-Germain, ce fut un engouement général. Il y avait surtout une série de treize couplets, chantés par tous les personnages, qui souleva un véritable enthousiasme ; seul, un jeune rival de l'acteur-auteur trouva spirituel de parodier les couplets, en les retournant contre les comédiennes.

Afin de venger l'offense faite au corps, celles-ci se réunirent en une assemblée secrète, pour délibérer sur le châtiment à infliger au coupable. Le lendemain, quand il se présenta au théâtre, fier de son exploit, une des conjurées vint s'asseoir à côté de lui, et, engageant la conversation, le combla de politesses, lui prodiguant mille compliments.

— Certes, vous ne m'avez pas ménagée, lui dit-elle, mais je suis une bonne fille, et j'entends la plaisanterie, surtout quand elle est dite avec esprit. Fi de mes compagnes, qui ne sont que des bégueules ! Si vous voulez même ajouter quelques couplets à vos épigrammes, j'en serai, quant à moi, charmée, et je vous invite, pour cela faire, à venir dans ma loge.

Donnant dans le piège, notre homme suit la sirène sans méfiance ; mais à peine est-il entré que, telles des furies, les amies de l'actrice, armées de verges, lui en administrent une série de coups, et elles l'auraient, dans leur délire, achevé, si l'officier de police, accouru aux cris, n'eût arraché le patient à leurs griffes. Trois jours après, celui-ci, plus mortifié encore que meurtri, s'embarquait pour les îles, d'où plus jamais il ne revint (1).

Ne quittons pas les coulisses du théâtre, sans conter l'histoire dont la veuve de Molière fut l'héroïne, et qui rappelle, par quelques côtés, l'aventure de la fille d'Oliva, dans la fameuse Affaire du Collier.

Un Président à mortier d'un Parlement de province, grand amateur de spectacle, était venu à Paris, s'était épris de Mlle Molière, et voulait lui faire agréer ses hom-

(1) DESBOULMIERS, *Hist. de l'Opéra-Comique*, t. II ; LEMAZURIER, *Galerie des acteurs du Théâtre-Français*, t. II.

LA FUSTIGATION DE BEAUMARCHAIS, A SAINT-LAZARE.

(Gravure attribuée à VANGELISTI.)

mages. Il cherchait quelqu'un qui pût le présenter à la comédienne, lorsqu'une entremetteuse, une veuve Ledoux, lui offrit ses services. Celle-ci avait parmi ses connaissances une jeune femme du nom de la Tourelle, qui ressemblait à s'y méprendre à Mlle Molière. Or, ce fut à Mlle de la Tourelle, sous le nom de Mlle Molière, que fut présenté le Président, qui paya largement le bonheur de cette entrevue et de celles qui suivirent.

Mais voilà qu'un soir, au spectacle, le magistrat, surexcité par les applaudissements prodigués à son idole, voulut pénétrer jusqu'à elle, et mêler ses compliments à ceux des nombreux admirateurs de Célimène. Reçu par la comédienne avec froideur, dédain peut-être, comme un homme qu'elle voyait pour la première fois, l amoureux Président, croyant ses droits méconnus, s'irrite, s'emporte, se laisse aller à des reproches, à des injures et même à des voies de fait. De là procès !... On crut longtemps à la vérité des affirmations du Président mystifié, mais une longue procédure fit enfin découvrir la fourberie des femmes Ledoux et de la Tourelle. Un arrêt du Parlement, du 17 octobre 1675, condamna le Président Lescot « à déclarer au greffe, en présence de la Molière et de quatre personnes à son choix, que par inadvertance et méprise, il avait usé de voies de fait contre elle, et tenu les discours injurieux, mentionnés au procès, l'ayant prise pour une autre personne, de laquelle déclaration serait délivré acte à la dite Molière ; et à lui payer la somme de 200 livres, pour tous dommages-intérêts, frais et dépens ».

Quant à l'entremetteuse, la veuve Ledoux, et à la demoiselle Molière, la femme de la Tourelle, elles furent condamnées, par la même sentence, à subir, toutes nues, la peine du fouet, devant la porte du Châtelet et la maison de la Molière, et à être bannies pendant trois ans de la ville de Paris (1).

Dans une circonstance différente, le poète Gilbert eut la chance d'échapper à un complot du même genre tramé contre lui, grâce au sang-froid dont il fit preuve.

La célèbre courtisane Duthé, informée que le mordant satirique se disposait à publier une nouvelle production de sa façon, sur les mœurs des femmes du jour, conçut le projet d'organiser toutes ses compagnes en une troupe de bacchantes, armées contre le nouvel Orphée, et d'aller le fouetter elle-même en tête de la troupe ; mais le bruit en parvint aux oreilles de l'intéressé, qui, loin de s'en effrayer, mit son projet à exécution, ce qui suffit à refroidir le zèle de ces Euménides.

Ces « belles et honnestes dames » n'eurent pas, du reste, toujours le beau rôle. En 1783, il se passa, sur le théâtre d'Orléans, une scène qui mérite d'être rapportée. Au milieu d'une représentation, plusieurs jeunes gens s'élançant du parterre sur la scène, s'emparèrent des actrices et leur donnèrent le fouet, sous prétexte qu'ils étaient mécontents de leur jeu, mais peut-être pour des raisons intimes, qu'il nous paraît inutile d'approfondir (2).

(1) H. MOULIN, *Armande Béjart, sa fille et ses deux maris.*
(2) Cf. *Mém. secrets*, XXII, 373.

LA FLAGELLATION A L'ÉPOQUE RÉVOLUTIONNAIRE.

(Caricature anonyme de la collection SOULAVIE; communiquée par M. A. GEOFFROY.)

Certaine aventure arrivée au chevalier de Boufflers rappelle la correction infligée par les actrices à l'auteur qui les avait raillées, et que nous avons relatée plus haut ; mais elle en diffère au moins par le dénouement.

Le chevalier avait fait, contre une marquise qui lui avait été infidèle, une épigramme assez mordante. A quelque temps de là, la grande dame sollicite une réconciliation, et lui demande de venir la sceller à sa table. Il y va, mais une paire de pistolets dans sa poche, en homme prudent et qui connaît son adversairre.

A peine arrivé, le chevalier est saisi par quatre gaillards qui, sous les yeux de la marquise, lui administrent, sur le bas des reins, cinquante coups de verges. Boufflers se relève, se rajuste tranquillement, puis, tirant les pistolets de sa poche, ordonne aux laquais qui viennent de le frapper de faire subir à leur maîtresse le traitement qu'ils lui ont infligé.

Comme il les tenait en joue, ceux-ci durent obéir à la sommation. Boufflers compta scrupuleusement les coups, après quoi il les força à se les repasser l'un à l'autre ; puis il salua avec grâce et sortit fièrement (1).

Le fouet reparaît quelques années plus tard, à une époque où l'événement emprunte aux circons-

(1) *Chronique scandaleuse*, tome III.

tances le caractère d'une manifestation révolutionnaire.

Le 8 avril 1792, jour de Pâques, une foule nombreuse sortait, à 6 heures du matin, de l'église des Clarisses, à Lyon, où une messe avait été célébrée par un prêtre assermenté. A la sortie de l'église, une troupe furieuse, armée de fouets, se précipitait sur les femmes et leur infligeait le sanglant outrage d'une fustigation publique ; quant aux hommes, ils furent accablés d'une grêle de pierres. Un fait semblable s'était produit en 1791, devant l'église des Colinettes (1).

Lyon ne faisait que suivre l'exemple de la capitale : à Paris, on avait fouetté des femmes dans la rue, administré la fessée aux religieuses, jusque dans leurs cloîtres.

Le 17 septembre 1789, un gentilhomme bien en cour, le comte de Paroy (2), passait dans la rue, quand il vit un attroupement : c'était une fille, que l'on fouettait, parce qu'elle avait insulté la garde. Un journal se récria contre cette indécence ; ce qui n'empêcha point que, quelques jours plus tard, les gardes pénétraient de force dans une maison de la rue Saint-Honoré où l'on dansait ; après avoir obligé les hommes à sortir, ils fustigèrent toutes les

(1) *Lyonnaisiania*, par G. VÉRICEL.
(2) *Mémoires du Comte de Paroy* ; Paris, Plon, 97.

LA FLAGELLATION SOUS LA RÉVOLUTION.

(Estampe contemporaine, communiquée par M. A. GEOFFROY.)

femmes qui se trouvaient là, et qui ne s'attendaient pas à un pareil traitement.

Deux ans plus tard, il se passa un incident d'une gravité plus haute.

Le 7 avril 1791, les Miramionnes étaient « fessées d'importance » dans plusieurs quartiers de Paris : au faubourg Saint-Antoine, notamment, des mégères s'étaient rendues, armées de verges, à une chapelle, où s'étaient, dit-on, réfugiés des prêtres non assermentés.

Une dévote « ci-devant noble », qui était à confesse, avait été condamnée à être fouettée publiquement, ainsi que les deux tourières du couvent, pour avoir refusé d'ouvrir les portes à la bande ; sans la garde, qui intervint, toutes les nonnes auraient subi le même sort.

Quelques mois auparavant, on avait fustigé publiquement une femme coupable « d'avoir craché sur le portrait de M. Necker » ! Il courut, à ce sujet, une estampe des plus curieuses, que nous avons eu la bonne fortune de retrouver et que nous reproduisons, ainsi que celle qui représente la fustigation des Miramionnes ; ce sont des documents d'incontestable valeur, car ils sont contemporains de l'époque où se sont passés les événements qu'ils évoquent (1).

(1) Nous ne rappelons que pour mémoire, ayant traité le sujet ailleurs, la « fessée » reçue par Théroigne de Méricourt

La Révolution, qui fit disparaître tant d'abus, ne devait pas triompher du fouet. Dans presque toute l'Europe, dite civilisée, ce despote a longtemps régné en maître. Au cœur même de la catholicité, une loi, édictée par Pie VII, obligeait les Juifs domiciliés à Rome à entendre chaque semaine un sermon et condamnait au fouet les chrétiens qui auraient osé rire de ce spectacle.

Dans le royaume de Naples, et en Espagne sous le régime du pouvoir absolu, la fustigation pénale a été de longues années en vigueur.

En France, dans les bagnes, les forçats étaient soumis à ce régime encore au commencement du dernier siècle.

> Ce châtiment, écrit un auteur en 1823 (1), consiste à appliquer sur les reins un certain nombre de coups, avec une corde goudronnée de l'épaisseur d'un pouce. En un instant, la chair est déchirée, des tumeurs nombreuses s'elèvent, se gonflent, se crèvent, et une rigole sanglante est creusée sous les coups redoublés (2)...

sur la terrasse des Feuillants, et qui aurait été la cause déterminante de sa folie; en réalité, elle était folle « en puissance », si l'on peut dire, et la démence ne fut pas immédiatement consécutive à la fustigation (Cf. les *Indiscrétions de l'Histoire*, t. I).

(1) Lanjuinais.

(2) Un incident, qui se passa en 1871, le 1er mars, lors de l'entrée des Prussiens à Paris, doit être consigné ici. Rochefort l'a raconté, avec sa verve pittoresque, dans les *Aventures de ma vie*. « Le seul incident, dit-il, un peu mouvementé, fut l'arrestation et la fustigation, par les Parisiens, de

LA FLAGELLATION A L'ÉPOQUE RÉVOLUTIONNAIRE.

(D'après une estampe du temps, communiquée par M. A. GEOFFROY.)

A Saint-Pétersbourg, les verges ont fait longtemps partie du matériel des accessoires de théâtre : il fut un temps où des danseuses étaient amenées, chaque soir, d'une espèce de couvent dans une voiture fermée ; si elles ne se conduisaient pas bien durant la représentation, on leur donnait le fouet à leur retour dans les coulisses. En Russie, vers 1860, un général envoya son brosseur au corps de garde, avec ordre de recevoir mille coups de verges, de la tête aux pieds, jusqu'à lui enlever la peau. Le fait, rapporté dans la revue russe, *Russkaia Starina*, de juillet 1886, a été cité par Michel Delines, dans son ouvrage illustré, *Nos Amis les Russes*. Ces pratiques auraient été introduites dans l'empire des tsars, par les Allemands au service de la Russie.

Le knout était encore, assure-t-on, en ces dernières années, un instrument de correction dans les provinces du Caucase (1). Ce n'est qu'au Congrès de Moscou de 1902, que des médecins protestèrent avec énergie contre ces restes de pratiques d'un autre âge ; ils renouvelèrent leurs protestations au Congrès de Saint-Pétersbourg. Il convient d'ajouter que le

trois salopes qui s'étaient avancées dans les Champs-Elysées au-devant des ennemis, auxquels elles distribuèrent avec affectation de nombreux baisers. La foule se jeta sur elles, les mit à peu près nues et, après une fessée brutale, les couvrit de crachats, d'injures, de huées et même de violents coups de poings ».

(1) Cf. l'*Intermédiaire* des 10 août et 30 octobre 1896.

Conseil d'Etat a, depuis ce temps, élaboré des lois nouvelles, changeant complètement les conditions économiques du paysan russe dans un sens plus libéral ; la fustigation est allée rejoindre d'autres institutions archaïques ; on lui a substitué des châtiments plus expéditifs.

Par contre, elle a persisté en Afrique et dans le Sud-Amérique. Au Gabon, les chefs de factorerie font fouetter les nègres d'une façon si cruelle, que la plupart succombent aux coups. Le traitant a le droit de corriger les insoumis avec la lanière de l'hippopotame, instrument très barbare, à deux ou trois branches, dont les effets sont terribles.

Aux Antilles, dans les colonies espagnoles, cette pratique moyenâgeuse sévit avec intensité. De nos jours encore, chez les Moycas, tribu de la Nouvelle-Grenade, les époux ont le droit de s'infliger mutuellement des châtiments corporels. Le général Quesada, s'étant rendu auprès du chef d'un village, le trouva se tordant sous les coups de verges de ses neuf femmes : on lui répliqua qu'il s'était enivré avec des Espagnols la nuit précédente et que, pour l'en punir, ses femmes l'avaient, à son réveil, fustigé jusqu'à la lassitude.

Il y a quelques années (1), un jeune nègre virginien fut surpris violentant une jeune négresse. Arrêté pour ce fait, on le condamna à recevoir quinze

(1) En 1899.

LA FLAGELLATION PENDANT LA RÉVOLUTION.

Nonnes fouettées, dans un couvent, par des dames de la Halle
(Dessin d'après une estampe de la collection Hennin).

coups de fouet sur ses épaules, mises à nu. La sentence fut exécutée par un robuste constable, armé d'une lanière de cuir : c'est la première fois depuis la guerre de Sécession, que la peine du fouet était appliquée en Virginie.

L'Angleterre, si en avant des autres nations sur tant de points, n'a pas encore renoncé aux punitions corporelles, et particulièrement au supplice du fouet, toujours en vigueur dans les prisons, dans la marine et dans l'armée. « Telle est la férocité de la discipline militaire, dit un Américain, jugeant les lois pénales de l'Angleterre, qu'un soldat, condamné au fouet, demande souvent que sa sentence soit changée en un arrêt de mort (1). » On fustige (2) les soldats à l'aide du *chat à neuf queues*, c'est-à-dire du fouet à neuf lanières. Dans la marine anglaise. les marins condamnés à recevoir le *chat*, ne sont plus, comme autrefois, attachés à un mât : on les fixe, dans une position de crucifiés, à des agrès, qui présentent plus de surface. Dans la marine française, cet odieux châtiment a depuis longtemps dis-

(1) V. la *Revue des Deux Mondes*, 15 novembre 1856.

(2) Dans le Royaume-Uni, le magistrat a le pouvoir de faire donner des coups de verges à des gamins de moins de quatorze ans, amenés devant lui, pour des menus vols, ou dont les parents déclarent ne pouvoir se faire obéir.

paru, et n'est plus appliqué, au moins sur les bâtiments de l'Etat.

On n'a pas perdu le souvenir du scandale que soulevèrent les révélations faites par les journaux d'outre-Manche, en février 1903 : le neveu de l'amiral Cochrane, officier au régiment de grenadiers de la garde, avait donné sa démission, pour n'avoir pas voulu se soumettre à la coutume, en vigueur dans ce régiment, de donner le fouet aux jeunes officiers (1). Passant dans les autres pays, nous constaterons qu'en Autriche, la fustigation a été abolie dès 1866 ; en Allemagne, on ne l'applique que dans les prisons ; en Italie, elle a été supprimée en 1868 ; il en est de même en Belgique et en Hollande.

Aux États-Unis, la législature de l'État de Delaware

(1) Un rédacteur militaire explique, de la façon suivante, l'origine de ce singulier usage : « L'ordre de fouetter est donné par les conseils de guerre non officiels, composés d'officiers subalternes. Cet usage a pour but de permettre aux officiers du régiment d'exclure certains de leurs camarades qui leur déplaisent. Le régiment de grenadiers de la garde est le plus aristocratique de l'armée anglaise ; tous les officiers appartiennent à la plus haute noblesse. Il arrive quelquefois que des fils de commerçants très riches et pouvant par conséquent supporter les frais considérables imposés aux officiers du régiment, parviennent à s'introduire dans le corps. Aucun d'entre eux ne trouve grâce auprès des officiers nobles, qui emploient alors le système incriminé pour chasser les intrus. Un pareil traitement est même infligé à certains officiers nobles du régiment, qui cherchent par leur travail à obtenir de l'avancement. »

LA FLAGELLATION SOUS LA RÉVOLUTION.

Femme de condition, fouettée pour avoir craché sur le portrait de M. Necker.
(Dessin d'après une estampe de la collection HENNIN, *Bibl. nationale.*)

en a voté l'abolition, il y a une vingtaine d'années environ ; toutefois, la peine du fouet a été maintenue... pour les maris qui battent leurs femmes. Chaque délinquant reçoit vingt coups du chat à neuf queues. Un sénateur a proposé un amendement à cette loi : il a demandé que la peine du fouet fût aussi appliquée aux femmes qui battaient leurs maris. Cet amendement est ainsi conçu :

Toute femme, convaincue d'employer la violence à l'égard de son mari, de le maltraiter ou de le battre, devra être condamnée à être attachée au poteau des condamnés et à recevoir de cinq à trente coups de fouet; soit le shérif, soit le mari, si celui-ci le désire, sera chargé d'appliquer la peine.

La législature de l'Indiana a été saisie d'un projet de loi tendant à l'érection de poteaux de flagellation dans tous les chefs-lieux du comté. Le shérif distribue, avec une lanière de cuir, un certain nombre de coups, variant de cinq à cent, suivant la gravité des délits, depuis l'emploi d'un langage profane, les menus larcins, l'exercice de la profession de vagabond, l'ivrognerie, jusqu'aux sévices contre les femmes et l'abandon de la famille.

A Chicago, la kleptomanie a pris, en ces derniers temps, des proportions telles que les commerçants se sont coalisés pour remédier à cette épidémie d'un nouveau genre. Il a été décidé, d'un accord commun, qu'on traiterait les maniaques du vol par la fessée : une « kleptomane » est-elle prise sur le fait, on la conduit dans un petit local, où une « employée », vigoureuse et correcte, la reçoit avec égards ; au bout de quelques instants, la kleptomane se trouve châtiée... et guérie !

Voilà une mode qui n'est pas près de s'acclimater chez nous ; avons-nous lieu de le regretter ? Assurément, ce mode de répression pourrait, dans nombre de cas, se montrer efficace ; combien de névropathes ou d'hystériques ne découvre-t-on pas parmi les voleuses des grands magasins ; qui nous dit qu'à défaut du fouet, une douche salutaire ne les préserverait pas d'une rechute ? On ne courrait pas grand risque à l'essayer.

FIN

TABLE DES GRAVURES

TABLE DES CHAPITRES

Paris.— IMP. D'ÉDITIONS, 9, r. Edouard-Jacques.

Albin MICHEL, Éditeur, 22, Rue Huyghens, PARIS

Ouvrages du Docteur CABANÈS

Le Cabinet Secret de l'Histoire. — *Nouvelle édition entièrement remaniée.* — 4 volumes in-16 jésus illustrés, brochés.... **40** fr.

Les Indiscrétions de l'Histoire. — Six volumes in-16 jésus, illustrés dans le texte et hors-texte. — Chaque volume se vend séparément, broché.............................. **10** fr.

Mœurs intimes du passé — Huit volumes in-16 jésus, illustrés de nombreuses reproductions du temps. — Chaque volume se vend séparément, broché.............................. **10** fr.

Les Morts mystérieuses de l'Histoire. — *Nouvelle édition revue et augmentée.* — Deux volumes illustrés in-16 jésus. Chaque volume .... **10** fr.

Fous couronnés. — *Jeanne la Folle.* — *Philippe II d'Espagne.* — *Pierre le Grand.* — *Pierre III.* — *Paul Ier de Russie.* — *Christian VII de Danemark* — *Othon et Louis II de Bavière.*
Un vol. in-16 jésus, orné de 56 gravures, broché....... **10** fr.

Folie d'Empereur. — *Guillaume II jugé par la science* — *Une dynastie de dégénérés.*
Un volume in-16 jésus, orné de 63 gravures hors-texte ou dans le texte, broché.............................. **10** fr.

Balzac ignoré. — *Nouvelle édition revue et augmentée.* — Un volume in-16 jésus, orné de 36 gravures, broché............ **10** fr.

Légendes et curiosités de l'Histoire. — 5 volumes in-16 jésus, illustrés. Chaque vol. se vend séparément, broché...... **10** fr.

Une Allemande à la Cour de France. — *La Princesse Palatine.* — *Les petits talents du Grand Frédéric.* — *Un médecin prussien dans les Salons romantiques.*
Un volume in-16 jésus, 85 illustrations, broché........ **10** fr.

Marat inconnu. — *L'homme privé.* — *Le médecin.* — *Le savant.*
Un volume en-16 jésus, orné de 65 illustrations, broché.............................. **10** fr.

L'Histoire éclairée par la Clinique. — Leçons professées en 1919-1920 à l'Institut des Hautes-Études de Bruxelles.
Un volume.............................. **10** fr.

La Princesse de Lamballe Intime, *d'après les confidences de son médecin.*
Un volume in-8, orné de 132 gravures............. **15** fr.

Souvenirs d'un Académicien sur la Révolution, le Premier Empire et la Restauration. — *Introduction et notes du* Dr Cabanès, *suivies de la Correspondance de* Ch. Brifaut. — Deux volumes illustres.............................. **30** fr.

Impr. La Rotolithe et Les Arts Graphiques — Clichy (Seine)

www.ingramcontent.com/pod-product-compliance
Ingram Content Group UK Ltd.
Pitfield, Milton Keynes, MK11 3LW, UK
UKHW020154250726
13967UKWH00003B/1055

9 782012 866324